SOCIÉTÉ DE PROTECTION MUTUELLE

DES

...LOYÉS AMBULANTS DES POSTES

RECUEIL

DES

JUGEMENTS ET ARRÊTS

1890-1905

PARIS

IMPRIMERIE NOUVELLE (ASSOCIATION OUVRIÈRE)

11, RUE CADET, 11

1905

RECUEIL

DES

JUGEMENTS ET ARRÈTS

1890-1905

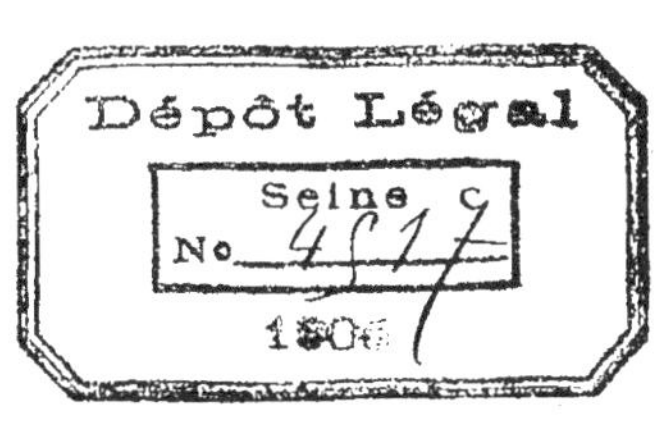

PARIS

IMPRIMERIE NOUVELLE (ASSOCIATION OUVRIÈRE)

II, RUE CADET, II

1905

RECUEIL

DES

JUGEMENTS ET ARRÊTS

1890-1905

TRIBUNAL CIVIL DE LA SEINE

4ᵉ CHAMBRE

HOUTMANN

CONTRE

EST

Jugement du 25 juin 1890.

Le Tribunal, ouï en leurs conclusions et plaidoiries :

Angéli, avocat, assisté de Bozon, avoué de Houtmann ;

Jacquemin, avocat, assisté de Messelet, avoué de la Compagnie des chemins de fer de l'Est ;

Après avoir entendu le Ministère public en ses conclusions et en avoir délibéré conformément à la loi, jugeant en *premier ressort;*

Attendu qu'il résulte des débats et des documents produits que, dans la nuit du 17 au 18 avril 1897, le demandeur était monté comme employé des postes dans un train de la Compagnie des chemins de fer de l'Est, dont faisait partie un bureau ambulant où se trouvait son service ; le train vint à heurter dans une tranchée un éboulement considérable qui venait de se produire et qu'un choc violent eut lieu ;

Que, par l'effet de ce choc, Houtmann a éprouvé des blessures et des lésions dont les conséquences lui rendront désormais impossible tout travail fatigant ;

Qu'au nom de la Compagnie, la responsabilité de celle-ci n'a pas été déniée ;

Attendu que le Tribunal possède les éléments d'appréciation nécessaires pour évaluer l'importance du préjudice éprouvé par Houtmann, et pour fixer le chiffre de l'indemnité qui lui est due, en dehors des sommes que la Compagnie a pu lui payer déjà à titre de provision ;

Que le principe de la dette n'étant pas contesté, il y a lieu de condamner la Compagnie à payer au demandeur une certaine somme à titre de provision, et d'ordonner de ce chef l'exécution provisoire :

Par ces motifs,

Condamne la Compagnie des chemins de fer de l'Est à payer à Houtmann, pour les causes sus-énoncées, une somme de 15,000 francs ;

La condamne, en outre, à lui payer une somme de 1,000 francs à titre de provision :

Ordonne de ce dernier chef l'exécution provisoire du présent jugement, nonobstant appel :

Condamne la Compagnie aux dépens.

LEMOINE

CONTRE

NORD

TRIBUNAL CIVIL DE LA SEINE

4ᵉ CHAMBRE

Jugement du 20 février 1891.

Le Tribunal, ouï en leurs conclusions et plaidoiries :

Angéli, avocat, assisté de Bozon, avoué de Lemoine :

Henry Bonnet, avocat, assisté de Boudin, avoué de la Compagnie des chemins de fer du Nord :

Après avoir entendu le Ministère public en ses conclusions et en avoir délibéré conformément à la loi, jugeant en *premier ressort :*

Attendu que, le 5 juillet 1888, le sieur Lemoine, employé à l'administration des postes, se trouvant dans le bureau ambulant d'un train de la Compagnie du chemin de fer du Nord a été, près de Valenciennes, blessé par suite d'un déraillement :

Qu'il a assigné ladite Compagnie comme responsable de cet accident ;

Que la Compagnie du Nord reconnaît sa responsabilité :

Que Lemoine n'a éprouvé aucune fracture de membre, qu'il a été seulement affecté de certains désordres provenant de la commotion occasionnée par le déraillement :

Qu'il n'a subi qu'une courte interruption de travail pendant laquelle son traitement lui a été intégralement payé ;

Que le Tribunal a les éléments pour apprécier le préjudice qui lui a été causé ;

Par ces motifs,

Déclare la Compagnie des chemins de fer du Nord responsable :

La condamne, en conséquence, à payer à Lemoine, à titre de dommages-intérêts et pour les causes ci-dessus énoncées, la somme de 500 francs ;

Dit qu'il n'y a lieu d'ordonner l'exécution provisoire qui est demandée en dehors des cas prévus par la loi ;

Condamne la Compagnie des chemins de fer du Nord aux dépens.

TRIBUNAL CIVIL DE LA SEINE

4ᵉ CHAMBRE

TINTET-MOUILLE
CONTRE
NORD

Jugement du 20 *février* 1891

Le Tribunal, ouï en leurs conclusions et plaidoiries :

Angéli, avocat, assisté de Bozon, avoué de Tintet-Mouillé :

Bonnet. avocat, assisté de Boudin, avoué de la Compagnie des chemins de fer du Nord :

Après avoir entendu le Ministère public en ses conclusions et en avoir délibéré conformément à la loi, jugeant en *dernier ressort ;*

Attendu que, le 5 juillet 1888, Tintet-Mouillé, employé à l'administration des postes, se trouvant dans le bureau ambulant d'un train de la Compagnie des chemins de fer du Nord, a été, près de Valenciennes, blessé par suite d'un déraillement ;

Qu'il a assigné la Compagnie comme responsable de cet accident ;

Que la Compagnie du Nord reconnaît sa responsabilité ;

Que Tintet-Mouillé n'a éprouvé aucune fracture de membre ;

Qu'il a été seulement affecté de certains désordres provenant de la commotion occasionnée par le déraillement ;

Qu'il n'a subi qu'une courte interruption de travail pendant laquelle son traitement lui a été intégralement payé ;

Que le Tribunal a les éléments pour apprécier le préjudice qui lui a été causé ;

Par ces motifs,

Déclare la Compagnie du Nord responsable ;

La condamne, en conséquence, à payer à Tintet-Mouillé la somme de 400 francs, à titre de dommages-intérêts, pour les causes ci-dessus énoncées ;

La condamne, en outre, aux dépens.

TRIBUNAL CIVIL DE LA SEINE

4ᵉ CHAMBRE

Jugement du 20 février 1891

Le Tribunal, ouï en leurs conclusions et plaidoiries :
Angéli, avocat, assisté de Bozon, avoué de Granier,
Cottin, Sourd et Causse;
Martini et Emile Strauss, avocats, assistés de Boudin,
avoué de la Compagnie des chemins de fer du Nord :
Après avoir entendu le Ministère public en ses conclusions et en avoir délibéré, conformément à la loi,
jugeant en *premier ressort;*
Attendu que, le 8 mars 1889, Sourd, Causse, Cottin et
Granier, employés à l'administration des postss, se trouvaient dans un bureau ambulant d'un train de la Compagnie du chemin de fer du Nord, ont été, par suite d'un
tamponnement à la gare de Paris, plus ou moins grièvement blessés;
Qu'ils ont assigné en dommages-intérêts la Compagnie des chemins de fer du Nord comme responsable de
cet accident ;
Qu'il y a lieu, vu leur connexité, de joindre les causes
pour être statué par un seul et même jugement;
Attendu que la Compagnie du Nord reconnaît sa responsabilité ;
Qu'il y donc lieu uniquement d'apprécier le préjudice
causé aux demandeurs :
Attendu que Sourd n'a éprouvé que de légères blessures, qui ont nécessité une interruption de service pendant quarante jours pendant lesquels il a reçu l'intégra-
lité de son traitement ;
Que Causse et Cottin ont été plus sérieusement atteints
et ont cessé leur service pendant trois mois, recevant
également leur traitement ;
Que Granier a été le plus gravement blessé ;
Que, par suite de ses blessures, qui ont nécessité un
long traitement, il a été, pour l'avenir, reconnu impropre
au service, mis en disponibilité et invité à faire régler
la pension à laquelle il a droit et qui ne pourra s'élever
qu'à 300 francs au plus ;

Par ces motifs,

Joint les causes ;
Déclare la Compagnie des chemins de fer du Nord
responsable ;
La condamne, en conséquence, à payer à Sourd,
Causse et Cottin, à titre de dommages-intérêts et pour
les causes ci-dessus énoncées, savoir :

A Sourd, 150 francs; à Causse, 400 francs; à Cottin.
500 francs, et à servir à Granier, au même titre et pour
les mêmes causes. une pension annuelle et viagère de
700 francs payable par mois et d'avance à partir du jour
de la demande :

Dit n'y avoir lieu de prononcer l'exécution provisoire
qui est demandée en dehors des cas prévus par la loi ;

Condamne la Compagnie des chemins de fer du Nord
aux dépens.

COUR D'APPEL DE PARIS

5ᵉ CHAMBRE

COTTIN
et autres
CONTRE
NORD

Arrêt du 8 février 1892

La Cour, après avoir entendu. en l'audience du 27 janvier dernier, en leurs conclusions et plaidoiries respectives, Demange, avocat de Cottin. Sourd et Causse,
assisté de Bonnard leur avoué ;

Martini et Strauss. avocats de la Compagnie des chemins de fer du Nord, assisté de Gavignot, son avoué ;

Ensemble, en ses conclusions. Monsieur Puech, avocat
général ;

Et, après en avoir délibéré, conformément à la loi, la
cause continuée à ce jour pour prononcer arrêt ;

Vu leur connexité, joint les causes, et statuant sur les
appels interjetés par Cottin, Sourd et Causse d'un jugement rendu par le Tribunal civil de la Seine, le 20 février 1891 ;

En la forme, reçoit Causse, Sourd et Cottin, appelants ;

Au fond, en ce qui concerne Sourd ;

Considérant qu'en se bornant à allouer à Sourd
150 francs pour tous dommages-intérêts (frais de maladie et perte de son indemnité de déplacement compris)
les premiers juges n'ont pas fait une exacte appréciation
du préjudice causé ;

*Considérant, en effet, que l'idemnité accordée aux em-
ployés du service ambulant a, pour la plus grande partie, le
caractère d'une prime;*

Que, d'après les renseignements fournis, c'est à
119 francs qu'on peut évaluer le bénéfice qu'eût laissé à
Sourd la perception de son indemnité, s'il n'eût pas été
obligé d'interrompre son service ;

Que, dans la somme de 150 francs allouée par les premiers juges, la perte subie de ce chef ne figure pas
pour ce chiffre, les frais de maladie ayant eux seuls
atteint, d'après justification. 81 francs ;

Sur le surplus des conclusions :

Considérant que Sourd a repris son service au bout de quarante jours, qu'il remplit encore ses fonctions dans les ambulants et qu'il n'établit pas d'une façon suffisante, ni que sa capacité de travail ait été diminuée, ni que sa santé soit restée affectée par les suites de l'accident du 8 mars 1889 :

Considérant que la Cour doit se borner, d'après le calcul qui précède, à relever de 150 francs à 200 francs la somme à allouer à Sourd :

En ce qui concerne Causse,

Considérant qu'il résulte également de ce qui vient d'être dit que cet appelant a subi un premier élément de préjudice en perdant, depuis l'accident, son indemnité de déplacement, contraint qu'il a été de quitter, malgré des notes excellentes, son emploi de chef de brigade des ambulants :

Considérant qu'il résulte encore de tous les renseignements pris, qu'à la suite de la commotion éprouvée par Causse, sa santé s'est altérée, et que le dernier certificat médical joint aux pièces, en date du 19 juin 1891, atteste qu'il garde de cette commotion une atteinte sensible au foie :

Considérant, dès lors, que les dommages actuels alloués par les premiers juges sont donc absolument insuffisants :

En ce qui concerne Cottin :

Considérant qu'il résulte des documents fournis à la Cour que Cottin, également bien noté dans le service des ambulants, a dû quitter ce service à la suite de l'accident du 18 mars, en raison de l'état de sa santé, et renoncer aux avantages que son emploi lui eût assuré s'il y eût persisté :

Qu'il justifie donc d'un premier élément de préjudice, ayant été privé, d'une part, de la plus-value que pouvait lui assurer longtemps encore le service ambulant, d'autre part, des droits à l'avancement qu'il comporte :

Qu'il justifie d'un second élément de préjudice, ayant vu se réveiller en lui des atteintes rhumatismales dont les certificats médicaux produits attestent qu'il eût été indemne sans l'accident survenu le 8 mars :

Par ces motifs,

Confirme le jugement dont est appel en ce qu'il a prononcé contre la Compagnie du Nord une condamnation en 150 francs au profit de Sourd, en 400 francs au profit de Causse, en 500 francs au profit de Cottin :

L'infirme en ce qu'il a prononcé ces condamnations pour tous dommages-intérêts :

Emendant quant à ce, dit qu'il y a lieu d'allouer, en sus des condamnations déjà prononcées, premièrement au profit de Sourd, une somme de 50 francs : deuxièmement, au profit de Causse, une somme de 5,000 francs ;

troisièmement, au profit de Cottin, une somme de
5,000 francs ;

Condamne la compagnie du chemin de fer du Nord à
payer ces sommes ;

Ordonne la restitution des amendes d'appel ;

Condamne la Compagnie du chemin de fer du Nord à
tous les dépens de première instance et d'appel, en
tant que de besoin à titre de complément de dommages-
intérêts.

MOUREAU
et autres
CONTRE
OUEST
—

TRIBUNAL CIVIL DE LA SEINE

4ᵉ CHAMBRE

Jugement du 10 avril 1891

Le Tribunal, ouï en leurs conclusions et plaidoiries :
Me Barazer, avocat, assisté de Baron, avoué de Lartigue ; Georges Barbin, avocat, assisté de Bozon, avoué
de Hautot ; Millerand, avocat, assisté de Bozon, avoué
de Moureau et de Héricord : Ernest Lehée, avocat,
assisté de Marneau, avoué de Georgeat ; Bonpard, avocat, assisté de Bozon, avoué d'Agasse ; Duverdy, avocat,
assisté de Chastaignet, avoué de la Compagnie des chemins de fer de l'Ouest :

Après avoir entendu le Ministère public en ses conclusions et après en avoir délibéré, conformément à la
loi, jugeant en *premier ressort ;*

Attendu que, dans la nuit du 22 mars 1889, vers les
trois heures du matin, au pont des Etumières, à
800 mètres environ de la gare d'Epône, le train n° 48
venant de Cherbourg, dérailla ; que la caisse du wagon-
poste fut enlevée de son châssis et précipitée au bas
d'un remblai ; que les sieurs Moureau, Héricord, Lartigue, Agasse, Georgeat et Hautot, employés de l'administration des postes, qui se trouvaient dans le wagon,
furent plus ou moins grièvement blessés ; qu'ils ont
assigné la Compagnie des chemins de fer de l'Ouest en
dommages-intérêts comme responsable du préjudice
qu'ils ont éprouvé ; qu'il y a lieu, vu leur connexité, de
joindre les causes pour être statué par un seul et même
jugement ;

Attendu que la Compagnie du chemin de fer de l'Ouest
oppose à l'action des demandeurs une fin de non-recevoir, fondée sur ce qu'il est constant que le déraillement
du train 48, dans lequel ils se trouvaient, a été le résultat d'un acte criminel commis par un nommé Durand et
une fille Robert, lesquels ont été condamnés, le 19 juillet
1889, par la Cour d'assises de Versailles, à vingt années

de travaux forcés, et qu'à l'égard de la Compagnie de l'Ouest cet acte criminel doit être considéré comme un cas de force majeure la dégageant de toute responsabilité;

Mais attendu qu'en principe et *a priori*, on ne saurait d'une manière absolue considérer l'acte criminel commis par les condamnés Durand et fille Robert comme de nature à dégager la responsabilité de la Compagnie défenderesse, alors que les demandeurs alleguent que le crime n'a pu être perpétré que par suite de négligence, de fautes et de défaut de surveillance de la part de la Compagnie ou de ses agents;

Qu'il y a donc lieu de rechercher dans quelles circonstances le sieur Durand et la femme Robert ont pu arriver à préparer et à exécuter le crime qu'ils avaient prémédité ; qu'à cet égard les pièces de la procédure criminelle fournissent tous les renseignements nécessaires ;

Attendu que Durand, le 22 mars 1889, bien que ne faisant plus de service depuis quelque temps, n'avait pas encore été révoqué ; qu'officiellement il était au service de la Compagnie ; que son service consistait alors à voyager comme garde-frein sur des trains de marchandises, mais que, pendant un certain temps, il avait été employé aux travaux de la voie comme facteur à la gare même d'Epône ; qu'il en connaissait parfaitement les dispositions et avait acquis une grande habileté en ce qui concerne la pose et l'enlèvement des rails et de leurs coussinets ;

Attendu que, se trouvant absolument sans ressources, Durand, de concert avec sa maîtresse, avait résolu de faire dérailler, dans la nuit du 21 au 22 mars, le train 44 du Havre et de profiter du trouble occasionné par cet accident pour voler les caisses contenant les recettes de la ligne ; qu'il avait choisi précisément les abords de la gare d'Epône dont il avait une parfaite connaissance ; que le 21 il montait avec sa maîtresse, à Paris, dans un train partant à 11 heures 15 du soir; qu'il est certain que, n'ayant pas un sou sur lui, il n'avait pu prendre de billets ; qu'il était seulement porteur de deux billets périmés à son nom, mais qu'il n'eut même pas besoin d'en faire usage et de les montrer, aucun des employés soit de gare, soit du train, ne lui ayant demandé, pas plus qu'à la femme Robert, de justifier qu'ils étaient porteurs de billets valables ; qu'ils arrivèrent à la gare d'Epône et descendirent à contre-voie sans avoir été vus de personne ; que de là ils se dirigèrent vers une cabane parfaitement connue de Durand et qui renfermait les outils servant à l'entretien de la voie ; que celui-ci trouva de suite l'endroit où était accrochée la clé de cette cabane et y prit un marteau chasse-coin, une clé à dévisser les boulons et qu'il prit également dans un enclos une longue pince à riper ; qu'ils purent, porteurs de ces outils, traverser les voies pratiquées dans des bâtiments de la gare et cheminer entre les rails de la voie de garage pour arriver au pont des Etumières, endroit choisi pour l'exécution du crime, après avoir franchi un passage à niveau dont le garde était endormi ;

Attendu que, sans s'éclairer d'aucune lumière, Durand se mit à enlever, à l'aide des instruments dont il était porteur, l'un des rails de gauche de la voie montante ; qu'il le souleva et le coucha à plat, puis plaça en croix deux des éclisses dans le premier coussinet que devait rencontrer le train 44 venant de la direction de Mantes ; puis il franchit avec la femme Robert la haie de clôture, se cachèrent dans les broussailles et attendirent l'arrivée du train qui, à 2 heures 49, franchit sans dérailler l'endroit où le rail avait été déplacé et continua sa marche sur Meulan ;

Attendu que Durand remonta sur la voie et, n'ayant pu réussir dans sa première tentative, enleva alors complètement le rail et le transporta sur la banquette extérieure de la voie descendante, espérant bien de cette manière faire dérailler le train 48, venant de Cherbourg et qui devait également contenir des caisses de recettes ; qu'en effet ce train arriva 22 minutes après et tous les wagons, à l'exception de la locomotive, du fourgon de queue et du wagon 8, déraillèrent, et que la caisse du wagon-poste, détachée de son chariot, alla rouler au bas du remblai ;

Attendu que de l'exposé des circonstances dans lesquelles l'acte criminel de Durand a été accompli, il est possible de dégager certains faits de nature à engager la responsabilité de la Compagnie de l'Ouest en ce sens que, si elle s'était conformée aux prescriptions, soit générales, soit particulières des lois et ordonnances sur la police des chemins de fer et même à ses propres règlements, Durand et sa complice n'auraient pu arriver à préparer et exécuter en toute sécurité, en quelque sorte, leur crime,

Que d'abord il est manifeste que si les agents de la Compagnie avaient au départ de Durand et de sa complice vérifié s'ils étaient porteurs de billets valables pour monter dans le train, ceux-ci n'auraient pu se rendre à la station d'Epône puisqu'ils n'avaient pas même de quoi payer leurs billets et n'auraient pu, tout au moins ce jour-là, faire dérailler le train 48 ; que ce fait constitue une faute de la part de la Compagnie, qui est tenue de veiller à l'exécution des prescriptions de la loi de 1845 et que cette faute a eu une influence directe sur l'événement qui a occasionné le préjudice dont les demandeurs poursuivent la réparation ; qu'il en est de même de ce fait qui constitue également une faute, de n'avoir pas empéché Durand et la femme Robert de descendre à contre-voie ; que l'article 31 de la loi de 1845 défend absolument aux voyageurs de descendre à contre-voie ; que les agents de la Compagnie doivent, à l'arrivée des trains en gare, exercer une surveillance suffisante pour les empêcher d'enfreindre cette prescription; que cette surveillance a fait absolument défaut à la gare d'Epône le 21, à l'arrivée du train dans lequel se trouvaient Durand et la femme Robert;

Que si ceux-ci avaient été empêchés de descendre à contre-voie. ils n'auraient pu sans être vus se diriger vers la cabane où Durand a pris les outils sans lesquels ils n'auraient pu exécuter leur crime ; qu'à cet égard un article des règlements dispose que les outils de poseur ne doivent jamais être laissés sur la voie et doivent être enfermés dans des maisons de garde ou dans des maisonnettes fermées soigneusement à clé ; qu'il est manifeste qu'à la gare d'Epône cette prescription n'était pas exécutée comme elle aurait dû l'être, puisque la clé de la cabane se trouvait à la disposition du premier venu et qu'une partie des outils, au lieu d'être enfermée, était dans une enceinte à claire-voie et qu'il suffisait d'étendre le bras pour les prendre;

Que les trois fautes particulières qui viennent d'être relevées à la charge des agents de la Compagnie sont largement suffisantes pour engager sa responsabilité ; qu'en effet Durand et la femme Robert n'ont pu se rendre à la gare d'Epône que grâce à la négligence des agents de la Compagnie qui leur a permis de voyager sans billets valables; qu'ils n'ont pu dissimuler leur arrivée à Epône en descendant à contre-voie, que par suite du défaut de surveillance des agents; qu'enfin ils n'auraient pu se procurer les outils à l'aide desquels ils ont accompli le travail nécessaire à la perpétration de leur crime si tous les outils avaient été sous clé et si cette clé, au lieu d'être à la disposition de tout le monde, avait été entre les mains d'un agent, qui ne l'aurait certainement pas mise à la disposition de Durand, qui n'était plus employé à la gare d'Epône;

Attendu qu'en outre ou pourrait relever à la charge de la Compagnie le défaut d'organisation de la surveillance de nuit prescrite notamment par les articles 1, 2. 17, 18, 26, 27, 29 du règlement général approuvé par décisions ministérielles des 14 janvier et 1er mai 1882 et du 24 avril 1884; qu'en effet, bien que cette surveillance n'ait pas fait l'objet de décisions particulières, quant à son mode d'exercice. elle n'en doit pas moins exister d'une manière sérieuse aux termes de l'article 31 de l'ordonnance du 15 novembre 1846; que si sur la demande de la Compagnie de l'Ouest une circulaire ministérielle du 21 avril 1881 a, non pas autorisé la suppression de la surveillance de nuit sur les stations pourvues du Block-système, mais s'est bornée à ne pas s'opposer à ce que la Compagnie mette provisoirement cette surveillance à l'étude et à ses risques et périls; il semble

que cette circulaire s'applique à la surveillance de nuit
relative à la marche des trains et non à la surveillance
relative à l'état du matériel de la voie qui devrait toujours être organisée à proximité et ce au moment du
passage des trains; qu'il est incontestable que cette
surveillance ne s'exerçait à aucun degré à la gare
d'Epône, ce qui explique que Durand a pu, sans être
dérangé autrement que par le passage de deux trains
de marchandises, exécuter un travail long et difficile:

Attendu que les demandeurs relevaient également à
la charge des agents de la Compagnie, une imprudence
résultant de ce que le train 44 avait continué sa marche
sur Meulan, au lieu de s'arrêter afin de faire vérifier
l'état de la voie à l'endroit où un choc avait été ressenti;

Mais, attendu que bien qu'il soit en effet établi qu'au
passage du pont des Etumières, le train a éprouvé un
choc qui a entraîné certaines avaries, même à la machine, le passage s'étant accompli sans autre accident,
le mécanicien et le conducteur pouvaient difficilement
supposer les causes de ce choc; que d'ailleurs le règlement n'autorise l'arrêt du train en marche, en dehors
des stations, que lorsqu'un obstacle quelconque est
constaté sur la voie parallèle à celle sur laquelle il
marche; que ce fait ne saurait être retenu; qu'il en est
de même du retard qui aurait été mis à l'envoi fait de
la gare de Meulan d'une dépêche adressée au chef de
gare d'Epône, signalant le choc éprouvé au pont des
Etumières; qu'il est établi par les documents produits
qu'en tenant compte du temps matériellement nécessaire à l'envoi et à la réception de la dépêche, aucune
négligence ne saurait être imputée aux agents du
train 44 et de la gare de Meulan:

Attendu enfin que si officiellement Durand était encore au service de la Compagnie en fait, il ne faisait
plus de service et ne saurait être considéré comme
ayant commis son crime dans l'exercice de ses fonctions de préposé de la Compagnie; qu'il suit de ce qui
vient d'être exposé que la responsabilité de la Compagnie se trouve engagée dans les conditions ci-dessus
spécifiées;

Que le fait que la caisse du wagon-poste avait été
fournie par l'administration des postes, ne saurait faire
disparaître, ni atténuer cette responsabilité, le chariot
appartenant à la Compagnie à qui incombait le soin d'y
assujettir la caisse:

En ce qui concerne l'appréciation du préjudice
éprouvé par chacun des demandeurs;

Attendu que bien qu'il n'ait été constaté sur aucun
d'eux de fractures de membres, les commotions éprouvées par eux, et notamment dans la région des reins et
à la poitrine ont été d'une extrême violence, et que tous
ont éprouvé un ébranlement nerveux des plus intense

et qui se comprend, la caisse du wagon-poste détachée du chariot ayant été projetée violemment au bas du remblai ; que bien que les demandeurs aient jusqu'à présent continué à être employés par l'administration des postes, ils ont dû tous renoncer au service ambulant qui, quoique très pénible, prétexte cependant certains avantages ; que notamment les sieurs Moureau, le plus gravement atteint de tous. Héricord, Lartigue, sont encore sous le coup des accidents qu'ils ont éprouvés; qu'ils ont dû pour la plupart suivre à diverses reprises un traitement d'eaux thermales ; que le trouble occasionné à la santé générale de quelques-uns des demandeurs est de nature à entraver leur carrière ; que le Tribunal a les éléments nécessaires pour apprécier le préjudice éprouvé par chacun des demandeurs.

Par ces motifs,

Joint les causes vu leur connexité ;

Déclare la Compagnie du chemin de fer de l'Ouest responsable du préjudice causé aux demandeurs par suite du déraillement du train 48 de Cherbourg à Paris, survenu dans la nuit du 22 mars 1889 ;

En conséquence, la condamne pour les causes susénoncées à payer à Moureau la somme de 15,000 francs, à Héricord celle de 10,000 francs, à Lartigue celle de 8,000 francs, à Agasse celle de 4,000 francs, à Georgeat celle de 4,000 francs et à Hautot celle de 3,000 francs ; condamne la Compagnie aux dépens.

COMPAGNIE
DE L'OUEST
contre
MOUREAU
et autres

—

COUR D'APPEL DE PARIS

4e CHAMBRE

Arrêt du 3 mars 1892

La cour, après avoir entendu aux audiences publiques des 11 et 13 février dernier, en leurs conclusions et plaidoiries respectives, Duverdy, avocat de la Compagnie des chemins de fer de l'Ouest, assisté de Cœuré, avoué, Le Barazer, avocat de Lartigue, assisté de Bonnard, avoué, Millerand, avocat de Héricord et de Moureau, également assisté de Bonnard, avoué ; Georges Barbier, avocat de Hautot, assisté dudit Bonnard, avoué ; Emile Roger, avocat d'Agasse, assisté de Meunier, avoué et Lebée, avocat de Georgeat, assisté de Mesnier, avoué ;

Ensemble à l'audience publique du 25 février dernier, en ses conclusions, Monsieur Fosse d'Arcosse, Substitut de Monsieur le Procureur général, et après en avoir délibéré conformément à la loi, les causes continuées à aujourd'hui, pour le prononcé de l'arrêt, lesdites causes étant jointes à raison de leur connexité;

Statuant sur le même arrêt;

Sur l'appel principal interjeté par la Compagnie des chemins de fer de l'Ouest, tant contre Lartigue, Héricord, Moureau et Hautot que contre Agasse et Georgeat d'un jugement rendu par le Tribunal civil de la Seine le 10 avril 1891;

Ensemble également sur les appels incidemment relevés du même jugement, tant par Lartigue et Héricord que par Agasse;

Aucun moyen de nullité ni aucune fin de non-recevoir n'ayant été précisés, ni plaidés contre lesdits appels;

En la forme reçoit lesdits appels;

Au fond : sur l'appel principal;

Considérant qu'il est établi, par les éléments et documents de la cause, notamment par ceux de l'instruction criminelle suivie contre Florentin Durand et la fille Robert sa concubine, que ledit Durand précédemment employé comme homme d'équipe à la station d'Epône, et ladite fille Robert sont arrivés à cette station dans la nuit du 21 au 22 mars 1889, à minuit 45 par le train numéro 51;

Qu'ils y sont descendus du train par l'une des portières faisant face au côté intérieur de la ligne et ont circulé sur la ligne sans être vus, ni par les agents de la station, ni par ceux du poste de cantonnement chargés du service du passage à niveau numéro 12, existant à 80 mètres environ de la station, et non loin du point où le train s'était arrêté;

Que contrairement aux dispositions de l'article 68 de l'ordonnance du 15 novembre 1846, aucun agent ne les a fait sortir de l'enceinte du chemin de fer, et que, malgré les prescriptions de l'article 18 du règlement général numéro 7, spécial aux chemins de fer de l'Ouest ne s'est « assuré qu'ils n'étaient pas sur la voie dans « des vues de malveillance »;

Que ces vues de malveillance se sont aussitôt manifestées;

Que traversant les voies, Durand et la fille Robert, sont allés prendre dans une guérite, dont la clé placée intérieurement pouvait être facilement saisie du dehors, et dans un enclos y attenant, entre les palissades duquel la main passait aisément, un marteau, une clé destinée à visser et dévisser les boulons et une pince à riper dont on se sert pour soulever les rails, tous objets qui auraient dû réglementairement être soigneusement renfermés;

Que munis de ces outils, Durand et la fille Robert, ont de nouveau traversé les voies, pris une voie de garage descendante, puis près du passage à niveau numéro 11, dont le gardien était endormi, la voie descendante venant de la direction de Paris, qu'ils ont suivie jusqu'au delà du pont établi sur le chemin des Etumières, à 1,200 mètres environ de la station d'Epône ;

Que là, ils se sont rendus sur la voie montante ;

Que sur cette voie, Durand, soit seul, soit aidé par la fille Robert, a enlevé le premier rail extérieur après le pont ;

Qu'il a d'abord, avec la clé, dévissé les quatre boulons intermédiaires des quatre éclisses qui joignaient ce rail au précédent et au suivant ;

Que le train de marchandises, montant, numéro 312, qui devait normalement quitter Epône à une 1 heure 13, mais était en retard d'environ dix minutes est passé sur la voie ;

Que Durand a ensuite achevé d'enlever les boulons des éclisses, puis attendu que le train de marchandises numéro 322, qui devait être à Epône à 2 heures 4 et n'était pas en retard fut passé ;

Que le rail étant encore fixé par les coussinets auxquels des coins le fixaient, ce train passa en effet sans encombre ;

Que aussitôt, Durand a, avec le marteau, chassé les coins des coussinets et, avec la pince, enlevé le rail de ces coussinets et couché ce rail à plat ;

Que le train numéro 44, dont Durand voulait provoquer le déraillement ayant traversé la station d'Epône à l'heure réglementaire de 2 heures 47 du matin, a, entre 2 heures 48 et 2 heures 49 passé sur le rail ainsi disposé sans qu'il se produisit d'accident grave ;

Qu'il y eut un choc violent cependant ;

Que l'un des wagons dérailla, mais reprit les rails ;

Que d'autres furent endommagés ;

Que le mécanicien et le chef de train ne se rendirent pas exactement compte de ces faits et ne se crurent pas absolument obligés d'arrêter leur train ;

Que la marche ne fut pas interrompue, et après un court ralentissement, fut accélérée, afin d'arriver à Meulan à l'heure réglementaire ;

Qu'à cette station le mécanicien du train 44 avisa le chef de gare, ou l'agent en faisant fonctions, du choc violent, d'une cause non vérifiée ressenti après la station d'Epône, pour que l'on enjoignît immédiatement aux agents de cette station de faire arrêter le train numéro 48, lequel suivait le train 44 à un intervalle de 18 à 20 minutes, et devait alors se trouver à la station de Mantes ou très peu en deçà ;

Que le train 48 cependant ne fut pas averti ;

Que Durand, dès que le train 44 avait disparu, avait parachevé son œuvre criminelle, en soulevant de nouveau le rail qu'il avait enlevé de la voie montante et en le jetant de côté, afin de déterminer sûrement le déraillement du train suivant ;

Que le train numéro 48, arrivant bientôt à toute
vitesse, dérailla en partie :

Que l'un des wagons-poste fut même arraché du châssis qui le portait et projeté hors de la voie sur un talus
en remblai de quatre mètres d'altitude environ, au bas
duquel il tomba après avoir fait un tour complet sur
lui-même ;

Que les employés de l'administration des postes qui
s'y trouvaient ont été contusionnés et blessés ;

Considérant, que si, après le choc qu'il avait éprouvé
le train 44 eût été arrêté et que les mesures qu'impli-
quait cet arrêt eussent été prises, le péril qui menaçait
le train 48 eût certainement été conjuré ;

Qu'il en eût été de même si l'avertissement qu'en
devait donner la dépêche pour Epone eût été trans-
mis, reçu et suivi en temps :

Qu'il n'est toutefois pas suffisamment constant, ni que
les agents du train 44 aient dû nécessairement s'arrêter, ni qu'une négligence répréhensible soit imputable
aux agents des stations de Meulan ou d'Epône, et qu'il
n'est pas certain que la dépêche soit parvenue assez tôt
à cette dernière station pour que le train 48 y put être
averti ;

Considérant que c'est par suite d'un défaut absolu de
surveillance que Durand et la fille Robert ont pu péné-
trer sur les voies du chemin de fer, s'y emparer d'outils
placés dans l'une des dépendances de la station d'Epone,
séjourner et circuler sur la ligne et dans son enceinte,
enfin, en s'y prenant à quatre fois successives de une
heure et quelques minutes du matin jusque après deux
heures cinquante minutes, procéder à l'opération
bruyante de l'enlèvement et du déplacement d'un rail ;

Considérant que la surveillance de la compagnie du
chemin de fer et de ses agents, sauvegarde de la sécurité publique, est prescrite d'une façon générale par les
diverses dispositions de la loi du 15 juillet 1845 et de
l'ordonnance du 15 novembre 1846 ;

Qu'elle est expressément imposée par l'article 31 de
ladite ordonnance ;

Que son obligation est, à maintes fois répétée, dans
les règlements relatifs aux Compagnies de chemins de
fer, spécialement dans ceux de la Compagnie des chemins de fer de l'Ouest ;

Considérant que cette Compagnie prétend avoir, par
une décision ministérielle du 21 avril 1881, été autorisée
à supprimer la surveillance de nuit sur les sections de
ses lignes où le mode d'exploitation par le « Block-système » serait ou devrait être appliqué ;

Que tout au contraire, le Ministre, dans cette décision,
a déclaré ne pas accorder l'autorisation sollicitée par la
Compagnie, sans toutefois s'opposer à ce que celle-ci
mit cette suppression à l'essai, mais provisoirement
seulement, et à ses risques et périls ;

Considérant que le soin de faire constater par des agents les espaces de temps des passages successifs des trains pût-il être considéré comme superflu dans les parties d'un chemin de fer où l'on applique le système du cantonnement, la surveillance de la voie, relativement à son bon état et à la libre circulation des trains, n'en est pas moins, en tout cas, un devoir impérieux pour les Compagnies;

Que, d'ailleurs, cette surveillance à exercer en vue de la sécurité, reste formellement prescrite dans les règlements généraux de la Compagnie des chemins de fer de l'Ouest postérieurs à l'année 1881;

Considérant qu'il est constant que dans la nuit du 22 mars 1889, il n'a été exercé aucune surveillance d'aucune sorte dans la section du chemin de fer de l'Ouest de Paris à Mantes, où un rail a été enlevé;

Adoptant, au surplus, les motifs qui ont déterminé les premiers juges en ce qu'ils n'ont pas de contraire à ceux du présent arrêt;

Et considérant que les indemnités allouées à Hautot, Moureau et Georgeat, doivent pour les causes indiquées par le jugement, être intégralement maintenues;

Sur les appels incidents de Agasse, Héricord et Lartigue,

Considérant quant aux conclusions subsidiaires d'Agasse aux fins d'expertise médicale et de provision, que la Cour a, dès à présent, des éléments suffisants d'appréciation pour rendre une décision définitive;

Considérant que si les premiers juges ont fait une juste appréciation du préjudice éprouvé par Agasse, Héricord et Lartigue, tel qu'il existait au moment où leur sentence a été rendue, il est établi que, depuis cette époque, ce préjudice s'est aggravé;

Qu'en conséquence il y a lieu d'augmenter les indemnités qui ont été attribuées à ceux-ci;

Que la Cour a les éléments nécessaires pour en fixer les augmentations à deux mille francs pour Agasse, à deux mille francs pour Héricord et à mille francs pour Lartigue et pour porter ainsi l'indemnité d'Agasse à six mille francs, celle de Héricord à douze mille francs et celle de Lartigue à neuf mille francs:

Par ces motifs,

Déclare la Compagnie des chemins de fer de l'Ouest mal fondée dans son appel principal, l'en déboute;

Et faisant droit aux appels incidents d'Agasse, de Héricord et de Lartigue;

Dit qu'il y a lieu d'élever de deux mille francs l'indemnité allouée à Agasse, de deux mille francs celle allouée à Héricord, de mille francs celle allouée à Lartigue;

Condamne la Compagnie des chemins de fer de l'Ouest à payer aux ayants droit lesdites sommes de

deux mille francs, deux mille francs et mille francs, en
sus de celles auxquelles elle a été précédemment con-
damnée envers eux ;

Confirme pour le surplus le jugement dont est appel ;
Dit qu'il sera exécuté suivant sa forme et teneur ;
Démet toutes les parties de toutes autres demandes,
fins et conclusions ;
Ordonne la restitution des amendes sur les appels
incidents ;
Et condamne la Compagnie des chemins de fer de
l'Ouest à l'amende de son appel et en tous les dépens tant
d'appel principal que d'appels incidents, y compris le
coût du présent arrêt et, au besoin, à titre de supplé-
ment de dommages-intérêts, tous droits d'enregistre-
ment, qu'il y aurait lieu de percevoir.

TRIBUNAL CIVIL DE LA SEINE

4e CHAMBRE

CABANTOUS
CONTRE
OUEST

Jugement du 19 novembre 1892

Le Tribunal, oui en leurs conclusions et plaidoiries ;
Millerand, avocat, assisté de Bozon, avoué de Cabantons ;
Me Porée, avocat, assisté de Castaignet, avoué de la
Compagnie des chemins de fer de l'Ouest ;
Après avoir entendu le ministère public en ses conclusions, et en avoir délibéré conformément à la loi,
jugeant en *premier ressort* :
Attendu que, le 26 octobre 1889, une collision s'est
produite à la gare de Saint-Cyr entre un train de l'Etat
et un train de la Compagnie des chemins de fer de
l'Ouest ;
Que Cabantons, faisant son service de commis ambulant dans le wagon-poste du train de l'Etat, a été blessé,
le wagon-poste où il se trouvait ayant été brisé ;
Que la responsabilité de cet accident incombe à l'un
des employés de la Compagnie de l'Ouest, qui ne décline
pas la responsabilité de cet accident, résultant d'ailleurs
d'un jugement correctionnel ;
Attendu qu'aux termes d'un exploit du 4 juillet 1890
Cabantons a assigné la Compagnie des chemins de fer
de l'Ouest en dommages-intérêts à raison du préjudice
qui est résulté pour lui de cet accident ;
Attendu que Cabantons a été atteint de simples contusions au thorax, à la jambe et au bras ;
Qu'il a pu continuer son emploi de commis ambulant ;

Que le tribunal a les éléments pour fixer à 500 francs
la réparation qui lui est due ;

Par ces motifs,

Déclare la Compagnie de l'Ouest responsable ;

La condamne à payer, à titre de dommages-intérêts, à
Cabantons la somme de 500 francs :

La condame en outre aux dépens.

<table>
<tr><td>

PLOUGOULM

CONTRE

OUEST

—
</td><td>

TRIBUNAL CIVIL DE LA SEINE

4ᵉ CHAMBRE

Jugement du 19 *novembre* 1892

Le Tribunal, ouï en leurs conclusions et plaidoiries :

Millerand, avocat, assisté de Bozon, avoué de Plou-
goulm ;

H. Porée, avocat, assisté de Castaignet, avoué de la
Compagnie des chemins de fer de l'Ouest.

Après avoir entendu le ministère public en ses con-
clusions et en avoir délibéré conformément à la loi
jugeant en *premier ressort ;*

Attendu que, le 26 octobre 1889, une collision s'est
produite, à la gare de Saint-Cyr, entre un train de l'Etat
et un train de la Compagnie des chemins de fer de
l'Ouest ;

Que Plougoulm, faisant son service dans le wagon-
poste du train de l'Etat, a été assez grièvement blessé,
le wagon-poste où il se trouvait ayant été brisé ;

Que la responsabilité de cet accident incombe à l'un
des employés de la Compagnie de l'Ouest, qui ne décline
pas la responsabilité de cet accident, résultant d'ail-
leurs d'un jugement correctionnel ;

Attendu qu'aux termes d'un exploit du 4 juillet 1890
Plougoulm a assigné la Compagnie des chemins de fer
de l'Ouest, en dommages-intérêts, à raison du préjudice
qui est résulté pour lui de cet accident ;

Que Plougoulm, qui était commis principal à l'Admi-
nistration des postes, a éprouvé des lésions aux poumons
et à la colonne vertébrale ;

Que sa santé générale a été assez gravement altérée ;

Qu'il a dû renoncer au service ambulant, qui présen-
tait pour lui un véritable avantage, et qu'il a été pourvu
d'un emploi sédentaire ;

Que le Tribunal a les éléments pour apprécier le pré-
judice qui lui a été causé et fixer à 5,000 francs la répa-
ration qui lui est due ;
</td></tr>
</table>

Par ces motifs,

Déclare la Compagnie de l'Ouest responsable ;
La condamne à payer, à titre de dommages-intérêts, à Plougoulm la somme de 5,000 francs.
La condame, en outre, en tous les dépens.

TRIBUNAL CIVIL DE LA SEINE

4° CHAMBRE

DELABARRE
CONTRE
OUEST

Jugement du 19 novembre 1892

Le Tribunal, ouï en leurs conclusions et plaidoiries :
Millerand, avocat, assisté de Bozon, avoué de Delabarre ;
H. Porée, avocat, assisté de Castaignet, avoué de la Compagnie des chemins de fer de l'Ouest ;
Après avoir entendu le ministère public en ses conclusions et en avoir délibéré conformément à la loi jugeant en *premier ressort :*
Attendu que, le 26 octobre 1889, une collision s'est produite, à la gare de Saint-Cyr, entre un train de l'Etat et un train de la Compagnie des chemins de fer de l'Ouest ;
Que Delabarre, faisant son service dans le wagon-poste du train de l'Etat, a été assez grièvement blessé, le wagon-poste où il se trouvait ayant été brisé ;
Que la responsabilité de cet accident incombe à l'un des employés de la Compagnie de l'Ouest qui ne décline point la responsabilité de cet accident, résultant d'ailleurs d'un jugement correctionnel ;
Attendu qu'aux termes d'un exploit du 4 juillet 1890 Delabarre a assigné la Compagnie des chemins de fer de l'Ouest, en dommages-intérêts, à raison du préjudice qui est résulté pour lui de cet accident ;
Attendu que Delabarre a éprouvé une double fracture du tibia et du péroné,
Qu'il était facteur-convoyeur et a dû être pourvu d'un emploi moins avantageux ;
Que le Tribunal a les éléments pour fixer l'indemnité qui lui était due à 3,000 francs ;

Par ces motifs,

Déclare la Compagnie des chemins de fer de l'Ouest responsable,
La condamne à payer à Delabarre, à titre de dommages-intérêts, la somme de 3,000 francs ;
La condamne, en outre, aux dépens.

TRIBUNAL CIVIL DE LA SEINE

4e CHAMBRE

Jugement du 4 mars 1893

Le Tribunal ouï en leurs conclusions et plaidoiries Millerand, avocat, assisté de Bozon, avoué de Demailly; Martini, avocat, assisté de Boudin, avoué de la Compagnie du Nord, après avoir entendu le Ministère public en ses conclusions et en avoir délibéré conformément à la loi jugeant en *premier ressort;*

Attendu qu'il résulte des documents soumis au Tribunal, que le 4 septembre 1890, Demailly, âgé de 32 ans, commis des bureaux ambulants de l'administration des postes, a été à Ailly-sur-Noye, station du chemin de fer du Nord, grièvement blessé dans l'exercice de ses fonctions, par suite du déraillement d'un wagon-poste où il se trouvait;

Qu'il a, par exploit du 26 décembre 1891, assigné en dommages-intérêts la Compagnie du Nord, comme responsable de cet accident: que la responsabilité de la Compagnie n'est pas douteuse; que d'ailleurs elle n'est pas déniée;

Attendu qu'il résulte des examens contradictoires auxquels a été soumis Demailly, qu'il a été atteint d'une entorse de la région lombaire de la colonne vertébrale avec commotion et contusion médulaire;

Que sa santé générale a été, depuis l'accident, gravement atteinte, mais qu'une amélioration sensible s'est produite: que la guérison complète paraît devoir être obtenue; que néanmoins Demailly devra renoncer au service ambulant qui présentait pour lui un véritable avantage, même pour l'avenir et que par suite des blessures reçues par lui il s'en trouve privé;

Que le Tribunal a les éléments nécessaires pour fixer le montant de l'indemnité qui lui est due:

Par ces motifs,

Déclare la Compagnie des chemins de fer du Nord responsable.

La condamne, en conséquence, pour les causes sus-énoncées à payer à Demailly, à titre de dommages-intérêts, la somme de 10,000 francs.

La condamne en outre aux dépens.

Jugement confirmé par arrêt de la Cour d'appel (2e Chambre), le 2 janvier 1895.

TRIBUNAL CIVIL DE LA SEINE

4ᵉ CHAMBRE

Jugement du 4 mars 1893

Le Tribunal, oui en leurs conclusions et plaidoiries Millerand, avocat, assisté de Bozon, avoué de Yung ; Martini, avocat, assisté de Boudin, avoué de la Compagnie du Nord, après avoir entendu le ministère public en ses conclusions et en avoir délibéré conformément à la loi jugeant en *premier ressort.*

Attendu qu'il résulte des documents soumis au Tribunal, que le 4 septembre 1890, Charles Yung, commis principal des bureaux ambulants de l'administration des postes, a été à Ailly-sur-Noye, station du chemin de fer du Nord, grièvement blessé dans l'exercice de ses fonctions, par suite du déraillement du wagon-poste, dans lequel il se trouvait. Qu'il a, par exploit du 26 décembre 1891, assigné en dommages-intérêts la Compagnie des chemins de fer du Nord, comme responsable de eet accident ;

Que la responsabilité de la Compagnie ne saurait être douteuse ; que d'ailleurs elle n'est pas déniée ; qu'il résulte des examens contradictoires du blessé, qu'il a été atteint de contusions profondes au crâne et à la moëlle épinière qui ont occasionné une luxation des vertèbres septième cervicale et première dorsale ;

Que la santé de Yung est irrémédiablement compromise, qu'on a dû lui appliquer des pointes de feu et un corset plâtré inamovible ; qu'actuellement encore et pour un temps qu'il est impossible de déterminer, il ne peut conserver la position verticale qu'à l'aide d'un corset orthopédique ;

Que son avenir comme employé de l'administration des postes est absolument perdu ;

Que non seulement il ne pourra jamais reprendre le service ambulant, mais qu'il sera très vraisemblablement obligé de renoncer au service sédentaire qu'on lui avait conservé jusqu'à ce jour ;

Attendu que le Tribunal a les éléments pour fixer le montant de l'indemnité qui lui est due :

Par ces motifs,

Déclare la Compagnie du Nord responsable.

La condamne, en conséquence, pour les causes sus-énoncées à payer à titre de dommages-intérêts à Yung la somme de 30,000 francs.

La condamne en outre aux dépens.

Jugement confirmé par arrêt de la Cour d'appel (2ᵉ Chambre), le 2 janvier 1895.

LORET, LITZLER
et autres
CONTRE
OUEST
—

TRIBUNAL CIVIL DE LA SEINE

4ᵉ CHAMBRE

Jugement du 11 novembre 1892

Le Tribunal, ouï en leurs conclusions et plaidoiries :

Millerand, avocat, assisté de Bozon, avoué de Mouliaa, Loret et Litzler ;

Poultier, avocat, assisté de Castaignet, avoué de la Compagnie des chemins de fer de l'Ouest ;

Après avoir entendu le Ministère public en ses conclusions et en avoir délibéré conformément à la loi ;

Jugeant en *premier ressort ;*

Statuant sur les demandes en dommages-intérêts formées par Mouliaa, Loret et Litzler contre la Compagnie des chemins de fer de l'Ouest ;

Joint les instances, vu leur connexité ;

Et statuant par un seul et même jugement ;

Attendu que, le 14 octobre 1890, les sieurs Mouliaa, Loret et Litzler, employés à l'administration des postes, se trouvant dans un bureau ambulant du train de Brest à Paris, ont été, par suite d'un déraillement à la gare de Broons (Côtes-du-Nord), plus ou moins blessés ;

Qu'ils ont, par exploit du 25 juin 1891, assigné la Compagnie de l'Ouest comme responsable ;

Que cette Compagnie ne décline pas sa responsabilité ;

Qu'il résulte de certificats de médecins produits au Tribunal que les blessures éprouvées par ces trois employés ont été légères ;

Que Mouliaa et Loret ont été contusionnés au bas-ventre et Litzler à la poitrine, mais qu'aucun n'a été obligé de renoncer au service ambulant ;

Qu'ils ont continué à recevoir leur traitement ;

Qu'ils ont été soignés aux frais de l'administration des postes et ne justifient d'aucuns déboursés sérieux ;

Que le tribunal a les éléments pour apprécier le préjudice :

Par ces motifs,

Déclare la Compagnie des chemins de fer de l'Ouest responsable ;

La condamne en conséquence à payer à chacun des demandeurs, Mouliaa, Loret et Litzler, à titre de dommages-intérêts, et pour les causes ci-dessus énoncées, la somme de 100 francs ;

La condamne en outre aux dépens.

COUR D'APPEL DE PARIS

2ᵉ CHAMBRE

LORET, LITZLER
et autres

CONTRE

OUEST

—

Arrêt du 12 mars 1894

La Cour, après avoir entendu en leurs demandes, conclusions et plaidoiries respectives reprises à l'audience du 5 mars présent mois :

Millerand, avocat, assisté de Bonnard, avoué de Litzler, Loret et Mouliaa;

Poultier, avocat, assisté de Cœuré, avoué de la Compagnie des chemins de fer de l'Ouest;

Considérant que, par suite du déraillement survenu le 14 octobre 1890 à la gare de Broons (Côtes-du-Nord), les sieurs Mouliaa, Loret et Litzler, employés du service ambulant des Postes, ont reçu des contusions internes étendues au bas-ventre et à la poitrine, ainsi que l'établissent les certificats médicaux produits;

Que la conséquence en a été pour ces trois employés une interruption de service d'au moins un mois, *la privation pendant le même espace de temps de l'indemnité de voyage, dont partie constitue pour les employés du service ambulant des postes, une véritable prime*, et enfin quelques dépenses nécessitées par leur état de santé;

Considérant que la Compagnie des chemins de fer de l'Ouest ne peut décliner et ne décline pas la responsabilité de cet accident;

Mais qu'après avoir soutenu devant les premiers juges qu'aucune indemnité n'était due aux intéressés, elle soutient devant la Cour que l'indemnité de 100 francs qui leur a été allouée constitue une réparation suffisante;

Mais considérant qu'il résulte des faits et documents de la cause que la réparation accordée aux sieurs Litzler, Loret et Mouliaa n'est pas en rapport avec le préjudice qui leur a été causé;

Que la Cour possède les éléments suffisants pour fixer à 400 francs les indemnités dues à Mouliaa et Loret, et à 300 francs celle due à Litzler.

Par ces motifs,

Met l'appellation à néant;

Ordonne que ce dont est appel sortira son plein et entier effet;

Et, y ajoutant, condamne la Compagnie des chemins de fer de l'Ouest à payer à Mouliaa et à Loret la somme de 300 francs et à Litzler celle de 200 francs, et ce en sus des condamnations prononcées par les premiers juges, et ce à titre de dommages-intérêts;

Lesdits dommages productifs d'intérêts du jour de la demande ;

Déclare les appelants mal fondés dans le surplus de leur demande, les en déboute ;

Ordonne la restitution de l'amende ;

Condamne la Compagnie des chemins de fer de l'Ouest aux dépens d'appel.

TRIBUNAL CIVIL DE LA SEINE

4ᵉ CHAMBRE

Jugement du 10 *avril* 1895

Le Tribunal oui en leurs conclusions et plaidoiries, Millerand, avocat, assisté de Peyrot, avoué de Lartigue.

Henry Bonnet, avocat, assisté de Boudin, avoué de la Compagnie des chemins de fer du Nord ;

Après avoir entendu le ministère public en ses conclusions et en avoir délibéré conformément à la loi jugeant en *premier ressort ;*

Attendu que le 18 septembre 1893, Lartigue, employé dans les bureaux ambulants de l'administration des postes, a été blessé par suite d'une fausse manœuvre ayant déterminé un choc violent, au moment de l'accrochage du wagon des postes au train ;

Que, projeté sur une table, il a été gravement contusionné aux reins et à la colonne vertébrale ;

Qu'il a, par exploit du 17 juillet 1894, assigné la Compagnie des chemins de fer du Nord comme responsable de cet accident ;

Que la responsabilité de cette Compagnie est manifeste, qu'elle n'est d'ailleurs pas déniée ;

Que par suite des blessures reçues par lui, Lartigue a subi une incapacité de travail de 5 mois, qu'il a éprouvé des troubles dans sa santé générale et paraît avoir été atteint d'une hernie inguinale ;

Que le Tribunal a les éléments pour évaluer le préjudice ;

Par ces motifs,

Déclare la Compagnie des chemins de fer du Nord responsable ;

La condamne en conséquence à payer à Lartigue à titre de dommages-intérêts et pour les causes ci-dessus énoncées la somme principale de 4,000 francs ;

La condamne en outre aux dépens.

TRIBUNAL CIVIL DE LA SEINE

4ᵉ CHAMBRE

CASTEL
CONTRE
OUEST

Jugement du 7 avril 1897.

Le Tribunal ouï en leurs conclusions et plaidoiries, Millerand, avocat, assisté de Peyrot, avoué de Juste-Joseph Castel ;

Bourdon, avocat, assisté de Castaignet, avoué de la Compagnie des chemins de fer de l'Ouest ;

Après avoir entendu le ministère public en ses conclusions et en avoir délibéré conformément à la loi jugeant en matière ordinaire et en *premier ressort* ;

Attendu que par exploit en date du 3 mai 1895, Juste-Joseph Castel a formé contre la Compagnie des chemins de fer de l'Ouest une demande en paiement de la somme de 40,000 francs à titre de dommages-intérêts pour blessures accidentelles ;

Attendu qu'un jugement d'avant faire droit de cette Chambre, en date du 17 juin 1896, a reconnu la Compagnie des chemins de fer de l'Ouest responsable de l'accident dont Castel a été victime le 29 juin 1893, et a commis les Docteurs Duplay, Richardière et Vibert pour rechercher et indiquer les conséquences de l'accident dont il s'agit ;

Attendu que la Compagnie des chemins de fer de l'Ouest conteste le chiffre de la demande, et soutient que la maladie dont est atteint Castel est loin d'avoir les conséquences graves indiquées par les experts ;

Attendu que, sans s'arrêter à des considérations théoriques et générales sur l'évolution de la neurasthénie traumatique, maladie dont les phases et la gravité varient suivant la complexion et l'état de santé des sujets qui en sont affectés, il échet de considérer comme donnant une juste appréciation des troubles dont Castel est atteint, la constatation des médecins-experts qui se sont livrés à un examen approfondi du cas qui leur était soumis ;

Attendu qu'il appert du rapport des experts que si depuis l'accident, l'état de Castel s'est amélioré, il n'en demeure pas moins constant que l'atrophie de la main droite et du mollet persistent encore actuellement ;

Qu'il en est de même de l'anesthésie de la peau du côté droit et que le malade présente des troubles intellectuels au nombre desquels il importe de remarquer une grande difficulté de fixer l'attention et un amoindrissement de la mémoire :

Attendu que les experts concluent en déclarant que

Castel est incapable de se livrer à un travail régulier et de reprendre ses fonctions ;

Que s'il est encore permis d'espérer la guérison en supposant l'éventualité la plus favorable, Castel ne sera pas en état de reprendre son service avant un délai d'un an à un an et demi ;

Attendu que les déclarations et les constatations des experts trouvent leur confirmation dans les feuilles de présence de Castel qui ont été fournies par l'administration des postes ;

Qu'il en résulte que depuis l'accident il a, au cours de trois années, été obligé d'interrompre son service pendant la moitié du temps où il aurait dû le faire ;

Qu'en outre il a été impossible, en raison de son état de santé, de le maintenir dans son poste de commis ambulant ;

Que les troubles de la mémoire n'ont pas permis de le conserver dans un poste de commis sédentaire, et qu'il se trouvera dans la nécessité, si cette situation se prolonge, de demander par anticipation son admission à la retraite ;

Attendu que le Tribunal a les éléments nécessaires pour évaluer le préjudice souffert par Castel et pour évaluer à 15,000 francs la réparation qui lui est due ;

Par ces motifs,

Condamne la Compagnie des chemins de fer de l'Ouest à payer à Castel la somme de 15,000 francs à titre de dommages-intérêts pour les causes sus-énoncées ;

La condamne en outre aux dépens qui comprennent les frais d'expertise.

COSTE
CONTRE
MIDI

TRIBUNAL CIVIL DE LA SEINE

1re CHAMBRE

Jugement du 26 mai 1897

Le Tribunal, ouï en leurs conclusions et plaidoiries Millerand, avocat, assisté de Peyrot, avoué de Antoine Coste ; Lenté, avocat, assisté de Marin, avoué de la Compagnie des chemins de fer du Midi ;

Après avoir entendu le Ministère public en ses conclusions et après en avoir délibéré conformément à la loi, jugeant en matière ordinaire et en *premier ressort ;*

Attendu que par exploit en date du 17 avril 1896, Coste demande à la Compagnie des chemins de fer du Midi, le paiement d'une somme de 6,000 francs en réparation du préjudice que lui aurait causé un accident dont il a été victime le 22 août 1895, au moment où le train dans lequel il se trouvait, dérailla entre Biarritz et Bayonne;

Attendu que la Compagnie défenderesse ne conteste pas le principe de sa responsabilité, mais qu'elle soutient que la demande dirigée contre elle est manifestement exagérée et que le dommage causé sera suffisamment réparé par le paiement d'une somme de 200 francs dont elle fait offre dans ses conclusions;

Attendu qu'il résulte des certificats de médecins produits tant par le demandeur que par la Compagnie défenderesse la preuve que Coste fut, par suite du choc contre la paroi du wagon, blessé assez grièvement à la région lombo-sacrée pour être obligé d'interrompre son service pendant plus de 2 mois;

Attendu que les certificats sus-visés constatent l'existence chez Coste d'une hernie inguinale très peu développée, mais que le docteur Campenon ne fait qu'enregistrer la déclaration du demandeur sur l'origine de cette maladie, sans indiquer qu'il la considère lui-même comme un conséquence directe de l'accident, tout en admettant la possibilité du fait;

Attendu que Coste ne fait pas sur ce point la preuve qui lui incombe;

Que sans s'arrêter à ses allégations à cet égard, il échet, en tenant compte des frais divers de médecin et de pharmacien, *ainsi que de la perte du salaire qui lui est régulièrement alloué à titre de prime*, à raison de son service de gardien de bureau ambulant des postes, de fixer à 600 francs l'indemnité qui lui est due en réparation du préjudice que lui a fait éprouver l'accident du 22 août 1895;

Par ces motifs,

Condamne la Compagnie des chemins de fer du Midi à payer à Coste la somme de 600 francs à titre de dommages-intérêts pour les causes ci-dessus énoncées;

Déclare la Compagnie des chemins de fer du Midi mal fondée dans ses conclusions, l'en déboute.

Condamne ladite Compagnie aux dépens,

TRIBUNAL CIVIL DE LA SEINE

4ᵉ CHAMBRE

DESCAMPS
CONTRE
NORD

Jugement du 26 mai 1897

Le Tribunal ouï en leurs conclusions et plaidoiries, Millerand, avocat, assisté de Peyrot, avoué de César Descamps;

Emile Strauss, avocat, assisté de Boudin, avoué de la Compagnie des chemins de fer du Nord ;

Après avoir entendu le Ministère public en ses conclusions et en avoir délibéré conformément à la loi jugeant en *premier ressort* et en matière ordinaire ;

Attendu que par exploit en date du 15 avril 1896, César Descamps demande à la Compagnie des chemins de fer du Nord le paiement d'une somme de 7,000 francs en raison du préjudice que lui aurait causé un accident dont il a été victime le 30 août 1897, alors que le wagon-poste dans lequel il se trouvait, tamponna, en gare de Lille, un train-tramway.

Attendu que la responsabilité de la Compagnie du Nord ne saurait être discutée ;

Qu'en effet, le mécanicien Marquant, qui par sa négligence a causé l'accident, a été condamné à quinze jours d'emprisonnement ;

Attendu qu'aux termes de l'article 1384 du Code civil, la Compagnie défenderesse est tenue des conséquences civiles du dommage causé par son préposé ;

Attendu qu'il résulte des certificats de médecin et de divers documents versés au débat, la preuve que Descamps, blessé assez gravement à l'épaule et à la tête a dû interrompre son service pendant plus de trois mois ;

Qu'il a été obligé de faire face aux diverses dépenses qu'ont nécessitées ses blessures ;

Qu'il est, en outre, constant que pendant la durée de l'interruption de son service, Descamps *a été privé du salaire supplémentaire qui lui est alloué à raison de son emploi de commis ambulant* dans l'administration des postes ;

Attendu que le Tribunal a les éléments nécessaires pour évaluer le préjudice souffert par Descamps, et pour fixer à 800 francs l'idemnité qui lui est due ;

Par ces motifs,

Condamne la Compagnie des chemins de fer du Nord, à payer, à César Descamps, la somme de 800 francs à titre de dommages-intérêts pour les causes ci-dessus-énoncées ;

La condamne en outre en tous les dépens.

POULET

CONTRE

ORLÉANS

TRIBUNAL CIVIL DE LA SEINE

1re CHAMBRE

Audience du 4 juillet 1901

Le Tribunal ouï en leurs conclusions et plaidoiries Duhil, avocat, assisté de Peyrot, avoué de Emile Poulet ; Rousset, avocat, assisté de Leboucq, avoué des

Directeur et Administrateurs de la Compagnie des chemins de fer d'Orléans.

Le Ministère public entendu et après en avoir délibéré conformément à la loi jugeant en matière ordinaire et en *premier ressort ;*

Attendu que Poulet réclame à la Compagnie des chemins de fer d'Orléans la somme de 60,000 francs à titre de dommages-intérêts :

Qu'il fait valoir que dans la nuit du 3 au 4 janvier 1897 le train dans lequel il se trouvait en qualité d'employé des postes tamponna, dans la gare de Juvisy, un train de marchandises en manœuvre, qu'il fut blessé grièvement, et que le médecin appelé à lui donner des soins constata à la jambe droite de nombreuses contusions suivies d'œdème, une subluxation du genou et une contusion très violente au niveau de l'articulation tibio-tarsienne, ainsi que certains troubles nerveux ;

Qu'à la suite d'une double saison à Bourbon-l'Archambault son état s'était amélioré ;

Mais que .par une fatalité singulière, le 13 avril 1898, il fut victime d'un nouvel accident ;

Que ce jour-là, lors de la formation du même train, le wagon-poste dans lequel il se trouvait fut lancé contre un butoir ;

Que, par suite du choc, il tomba sur le poêle du bureau et ressentit de violentes douleurs au côté droit et au périnée; qu'en outre l'arthrite du genou droit fut réveillée et l'état neurasthénique aggravé; qu'il ajoute qu'une inflammation prostatique et une fistule anale dues à la contusion du périnée nécessitèrent trois séjours à l'hôpital de la Pitié et deux opérations chirurgicales; qu'enfin au mois de juillet 1899 il fut obligé de quitter le service ambulant et fut nommé à un emploi sédentaire et que ce changement de service entraîne pour lui une perte de 900 francs par an ;

Attendu que le Tribunal n'a pas, en l'état, les éléments nécessaires pour apprécier quelle a été la gravité et quelles ont été les conséquences du double accident éprouvé par le demandeur ;

Qu'il importe notamment de rechercher s'il y a une relation de cause à effet entre ces accidents et l'inflammation prostative et la fistule anale pour lesquelles Poulet a été soigné à l'hôpital de la Pitié ;

Qu'il y a lieu dès lors de recourir à une expertise ; que cette mesure d'instruction s'impose d'autant plus que si on s'en rapporte au certificat du docteur Menessier, du 21 février 1899, la contusion de la région prostatique aurait été causée par le premier accident, celui du 4 janvier 1897;

Que cependant le même médecin qui a soigné Poulet aussitôt après cet accident, ne fait aucune mention de son premier accident, d'une contusion de cette nature;

Que d'un autre côté, dans son exploit introductif

d'instance, le demandeur attribue au second accident la contusion au périnée, l'inflammation prostatique et la fistule anale consécutive;

Sur la provision,

Attendu que la matérialité des faits n'est pas contestée par la Compagnie défenderesse, qui se borne à ssutenir que les accidents dont il s'agit n'ont aucune conséquence grave pour le demandeur;

Qu'il est cependant dès à présent constant que Poulet a dû faire certains frais à la suite notamment du premier accident, frais de médecin, de pharmacien, de séjour à Bourbon-l'Archambault, etc.; que dans ces conditions la demande de provision est justifiée et que le Tribunal a les éléments nécessaires pour en fixer le chiffre :

Par ces motifs,

Avant faire droit. Commet le Dr Brouardel, seul expert du consentement des parties, lequel, serment préalablement prêté s'il n'en est dispensé par les parties, examinera le demandant, précisera en s'entourant de tous les renseignements, la nature et la gravité des contusions ou luxations dont il a été atteint dans l'accident du 4 janvier 1897 et dans celui du 13 avril 1898;

Indiquera quelles ont été les conséquences de ces blessures, luxations ou contusions; dira notamment si les troubles nerveùx dont il aurait été atteint ont le caractère de la neurasthénie traumatique et si l'inflammation prostatique et la fistule anale pour lesquelles il a été soigné à l'hôpital de la Pitié ont une origine traumatique et ont été causés par l'accident du 4 janvier 1897 ou par celui du 13 avril 1898;

Dira s'il est aujourd'hui complètement guéri, et si c'est à raison du double accident dont il s'agit qu'il a dû quitter le service ambulant; s'expliquera sur tous dires et observations des parties et, du tout, dressèra un rapport qui serà par lui déposé au greffe, pour être ensuite par les parties conclu et par le Tribunal statué ce qu'il appartiendra;

Dit qu'en cas d'empêchement de l'expert commis, il sera pourvu à son remplacement, par ordonnance du Président, rendue sur simple requéte;

Condamne la Compagnie des chemins de fer d'Orléans à payer à Poulet la somme de 2,000 francs à titre de provision. Ordonne de ce chef l'exécution provisoire du présent jugement, nonobstant appel et sans caution;

Tous droits et moyens des parties quant au surplus réservés ainsi que les dépens.

POULET
CONTRE
ORLÉANS

TRIBUNAL CIVIL DE LA SEINE

1re CHAMBRE

Jugement du 9 avril 1903

Le Tribunal, oui en leurs conclusions et plaidoiries :
Duhil, avocat, assisté de Peyrot, avoué de Emile Poulet ; Rousset, avocat, assisté de Leboucq, avoué de la Compagnie des chemins de fer d'Orléans :

Le Ministère public entendu et après en avoir délibéré conformément à la loi, jugeant en matière ordinaire et en *premier ressort :*

Attendu qu'il résulte de l'expertise à laquelle il a été procédé en exécution d'un jugement de cette chambre du 4 juillet 1901, qu'à la date du 26 janvier 1902, Poulet devait être considéré comme physiquement guéri des lésions consécutives aux traumatismes qu'il avait subis les 4 janvier 1897 et 13 avril 1898, et que d'autre part il est impossible de préciser pour quelle cause le demandeur a quitté le service ambulant des postes pour être affecté à un service sédentaire, lequel comporte une rétribution moins importante.

Attendu qu'il suit de là qu'aucune indemnité ne saurait être accordée à Poulet à raison de diminution dans sa capacité de travail et que le tribunal a simplement à rechercher quelles ont pu être dans le passé les conséquences dommageables des accidents dont il a été victime ;

Qu'à cet égard, s'il n'est pas établi que lesdits accidents aient entraîné pour lui des troubles vitaux, il paraît néanmoins constant qu'à raison de ses traumatismes, il a subi une incapacité de travail d'au moins dix-huit mois et qu'il s'est trouvé astreint à des soins coûteux qui ont même nécessité une double saison à Bourbon-l'Archambault.

Attendu qu'en tenant compte de la provision précédemment allouée à Poulet, le Tribunal a les éléments d'appréciation suffisants pour fixer à 3,000 francs l'indemnité complémentaire que la Compagnie d'Orléans sera tenue de verser au demandeur pour réparation de toutes causes de préjudice :

Par ces motifs,

Condamne la Compagnie d'Orléans à payer à Poulet la somme de 3,000 francs, laquelle s'ajoutera à la provision précédemment allouée ;

Condamne la Compagnie défenderesse en tous les dépens, qui comprendront les frais et honoraires d'expertise.

NISSARD
CONTRE
MIDI

TRIBUNAL CIVIL DE LA SEINE

4ᵉ CHAMBRE

Jugement du 21 novembre 1899

Le Tribunal, ouï en leurs conclusion et plaidoiries :
Duhil, avocat, assisté de Peyrot, avoué de Jean
Nissard :

Lenté, avocat, assisté de Marin, avoué de la Compagnie des chemins de fer du Midi.

Après avoir entendu le Ministère public en ses conclusions et en avoir délibéré conformément à la loi jugeant en matière ordinaire et en *premier ressort.*

Attendu que, par exploit en date du 8 août 1899, Nissard, commis ambulant des postes, a formé contre la Compagnie des chemins de fer du Midi une demande en paiement de la somme de 10,000 francs, à titre de dommages-intérêts, pour le préjudice qu'il a subi par suite des contusions dont il a été atteint dans un tamponnement dont il attribue la responsabilité à un employé de la Compagnie :

Attendu que le 20 septembre 1897, en gare de Cette, le wagon-poste de Cette à Tarascon, dans lequel travaillait le demandeur, fut tamponné par le wagon-poste de Cette à Bordeaux ;

Attendu que les parties sont d'accord pour reconnaître les faits tels qu'ils sont articulés en preuve par la Compagnie du Midi ;

Attendu que si, pour rapprocher ces deux wagons afin de faciliter le transbordement des dépêches, Cervel, agent des postes, a dirigé la manœuvre, c'est avec l'aide, d'ailleurs insuffisante, d'un employé de la Compagnie ;

Que le chef d'équipe Laborde a commis une faute en fournissant l'assistance de Bousquet, aide d'équipe ;

Qu'il a pris ainsi en partie la responsabilité de cette manœuvre, dangereuse en raison du vent qui poussait les wagons ;

Que la Compagnie est responsable de la faute de son employé ;

Attendu que le demandeur a eu diverses contusions qui ont exigé un traitement d'une certaine durée ;

Que dans la mesure qui lui incombe la Compagnie doit payer une partie de l'indemnité qui lui est due ;

Que le Tribunal a les éléments pour fixer à 500 francs la part de l'indemnité qui lui est due par la Compagnie du Midi ;

Par ces motifs :

Condamne la Compagnie du Midi à payer à Nissard une somme de 500 francs, à titre de dommages-intérêts, pour les causes sus-énoncées ;

La condamne aux dépens.

TRIBUNAL CIVIL DE LA SEINE

4ᵉ CHAMBRE

Veuve SALLE
CONTRE
MIDI

Jugement du 2 janvier 1900

Le Tribunal, ouï en leurs conclusions et plaidoiries ;

Duhil, avocat, assisté de Peyrot, avoué de la dame Marie Raudon, veuve de Gaston Salle, agissant tant en son nom personnel que comme tutrice naturelle et légale de Anny Salle, sa fille mineure, issue de son mariage avec Gaston Salle ; Lenté, avocat, assisté de René Marin, avoué des directeur et administrateurs de la Compagnie des chemins de fer du Midi ;

Après avoir entendu le Ministère public en ses conclusions ;

Et après en avoir délibéré conformément à la loi ;

Jugeant en matière ordinaire et en *premier ressort :*

Attendu que par exploit, en date du 25 février 1899, la veuve Salle, tant en son nom personnel que comme tutrice naturelle et légale de la demoiselle Anny Salle, sa fille, mineure, issue de son mariage avec Salle, décédé, a formé contre la Compagnie des chemins de fer du Midi une demande en paiement de la somme principale de 100,000 francs, à titre de dommages et intérêts, en réparation du préjudice qu'elle a éprouvé par le fait du décès de son mari, mort des suites d'un accident dont il a été victime, le 10 août 1898, sur la ligne des chemins de fer du Midi.

Attendu qu'il est constant qu'à la date sus-indiquée Salle se trouvait en service dans le wagon-poste attelé au train numéro 1026, en gare de Cette, lorsque le train fut pris en écharpe par un convoi en manœuvre.

Qu'il vit le tamponnement se produire et fut violemment renversé par le choc ;

Que la commotion qu'il en ressentit détermina chez lui les accidents de la neurasthénie traumatique, lesquels, en s'aggravant, furent cause de sa mort le 22 septembre 1898 ;

Que cela résulte des certificats énoncés des médecins qui ont traité le malade, et notamment du diagnostic formulé par le professeur Grasset et de la discussion technique de ces documents par le professeur Campenon, contrairement à l'avis du professeur Forgues, qui conclut à une cause inconnue ou indépendante de l'accident ;

Attendu qu'il appert des pièces d'enquête, et notamment du rapport de Perreux, chef de brigade, que, non seulement Salle fut victime de l'émotion dont il fut saisi à la vue du train qui venait heurter celui où il se trouvait, mais encore de la commotion produite par le tamponnement qui détermina sa chute ainsi que celle des employés « pèle mêle », avec les correspondances ;

Qu'ainsi le traumatisme est indéniable ;

Qu'à défaut de contusions des téguments externes, Salle fut atteint de lésions cérébrales dont les conséquences morbides aboutirent à la mort après une suite ininterrompue de phénomènes caractérisés ;

Attendu qu'ainsi la relation de cause a effet entre l'accident et la mort de Salle est établie ;

Attendu qu'en raison du traitement de son mari, et des indemnités y afférentes, en raison de la possibilité de la retraite à laquelle il aurait pu prétendre, la veuve de Salle et son enfant ont droit à une indemnité que le Tribunal peut fixer à une somme de 25,000 francs.

Par ces motifs,

Condamne la Compagnie du Midi à payer à la veuve Salle ès-qualités une somme de 25,000 francs à titre de dommages-intérèts pour les causes sus-énoncées ;

La condamne, en outre, en tous les dépens.

<table>
<tr><td>

Veuve **SALLE**

CONTRE

MIDI

—

</td><td>

COUR D'APPEL DE PARIS

5e CHAMBRE

</td></tr>
</table>

Arrêt du 25 juin 1900

La Cour, après avoir entendu en l'audience du 19 juin courant, en leurs conclusions et plaidoiries respectives, Duhil, avocat de veuve Salle, assisté de Canuel, son avoué ;

Lenté, avocat de la Compagnie des chemins de fer du Midi, assisté de Cœuré, son avoué, ensemble en ses conclusions, Monsieur Lombard, avocat général, et après en avoir délibéré conformément à la loi, la cause continuée à ce jour pour prononcer arrêt, statuant sur l'appel interjeté par veuve Salle d'un jugement rendu par le Tribunal civil de la Seine le 2 janvier 1900, ladite veuve Salle agissant tant en son nom personnel que comme tutrice naturelle et légale de la demoiselle Salle, sa fille mineure. En la forme déclare l'appel recevable.

Au fond, considérant que le principe de la responsabilité n'est pas contesté, que le chiffre de l'indemnité seul fait l'objet du présent litige ; que les premiers juges ont fixé ce chiffre au chiffre de 25,000 francs, dont l'appelante ès-qualités demande d'élever le montant à la somme de 100,000 francs ;

Qu'il ressort des pièces et documents fournis à la Cour que la somme de 6,000 francs, ajoutée à celle de 25,000 francs, soit, au total, 31,000 francs, fournira à la veuve Salle ès-qualités, la réparation qui lui est due.

Par ces motifs,

Condamne la Compagnie des chemins de fer du Midi à payer à la veuve Salle ès-qualités la somme de 6,000 francs en sus de celle de 25,000 francs allouée par les premiers juges ; au total, 31,000 francs ;

Dit que, pour tout le surplus, le jugement dont est appel sortira effet, ordonne la restitution de l'amende ;

Condamne la Compagnie des chemins de fer du Midi à tous les dépens de première instance et d'appel.

TRIBUNAL CIVIL DE LA SEINE

3ᵉ CHAMBRE

LESTRADE
CONTRE
NORD

—

Jugement du 4 juin 1901

Le Tribunal ouï en leurs conclusions et plaidoiries :
Duhil, avocat, assisté de Peyrot, avoué de Lestrade ;
Martini père, avocat, assisté de Boudin, avoué de la Compagnie des chemins de fer du Nord.

Le Ministère public entendu et après en avoir délibéré conformément à la loi jugeant en matière ordinaire et en *premier ressort ;*

Attendu que le 11 février 1899, le train dont faisait partie le wagon-poste dans lequel se trouvait Lestrade, fut violemment heurté par un autre train qui le suivait ; que par suite du choc le demandeur fut projeté contre les parois du wagon et gravement blessé ;

Attendu qu'il est établi que les agents de la Compagnie ont commis une faute grave pour laquelle ils ont été pénalement condamnés par jugement du Tribunal de Saint-Quentin du 18 mai 1899 ;

Que la Compagnie défenderesse reconnaît d'ailleurs dans ses conclusions la responsabilité civile qui lui incombe du fait de ses agents ;

Qu'il y a lieu de rechercher seulement l'étendue du préjudice éprouvé par Lestrade ;

Attendu que le demandeur fut, par suite de la gravité de la blessure constatée au genou droit, obligé d'interrompre son service pendant une période de onze mois, ainsi qu'il résulte des pièces produites ;

Que si son traitement lui fut intégralement payé par l'administration des postes pendant toute la durée de sa maladie, il perdit néanmoins l'indemnité de déplacement s'élevant pour cette période à 820 francs ;

Attendu que cette indemnité ne représente pas seulement les frais supplémentaires imposés par le voyage à l'employé qui en bénéficie, mais qu'elle constitue pour la plus grande partie une prime et une gratification destinée à le rémunérer dans une certaine mesure du travail particulièrement pénible auquel il est astreint ;

Que, par suite, il échet d'en faire partiellement état dans le calcul de l'indemnité qui doit lui être allouée ;

Attendu que s'il est constant, d'autre part, que les certificats médicaux versés aux débats ne laissent aucun doute sur la guérison du demandeur qui a repris ses fonctions sans changer de service, il est non moins certain, ainsi que l'établit un certificat délivré par le docteur Campenon en juin 1900, que Lestrade éprouvera une gêne intermittente résultant de l'existence d'un kyste, peu développé, conséquence de l'accident, et que cette gêne proportionnée à la fatigue subie se prolongera longtemps, si même elle ne persiste pas toujours ;

Attendu que le Tribunal a les éléments nécessaires en faisant état tant des causes de préjudice ci-dessus relatées, que des déboursés dont il est justifié et s'élevant à 739 francs, pour fixer à 2,500 francs l'indemnité totale à laquelle il a droit.

Par ces motifs,

Condamne la Compagnie des chemins de fer du Nord à payer à Lestrade la somme de 2,500 francs à titre de dommages-intérêts et la condamne aux dépens.

GALLOIS

CONTRE

NORD

—

TRIBUNAL CIVIL DE LA SEINE

6ᵉ CHAMBRE

Jugement du 8 janvier 1901

Le Tribunal civil, ouï en leurs conclusions et plaidoiries :

Duhil, avocat, assisté de Peyrot, avoué de Gallois ;
Emile Strauss, avocat, assisté de Boudin, avoué de la

Compagnie des chemins de fer du Nord, agissant poursuite et diligence de ses directeur et administrateurs;

Le Ministère public entendu et après en avoir délibéré
conformément à la loi, jugeant en matière ordinaire et
en *remier pressort.*

Attendu que Gallois a été, le 14 mai 1899, victime d'un
accident qui se produisit dans une manœuvre en gare
du Nord, à Paris; qu'employé comme gardien de bureau
il se trouvait dans le wagon poste au moment où celui-ci
fut tamponné et que la violence du choc en le projetant
contre les parois du wagon amena dans son état de
santé des troubles qui ont été constatés par les médecins qui l'ont soigné et auxquels il s'est plaint de contusions et de douleurs internes ;

Attendu que si l'hypothèse d'une déchirure de l'estomac doit être écartée, il n'en est pas moins certain
que l'accident dont le demandeur a été victime l'a obligé
à suivre pendant un certain temps un régime spécial et
à abandonner la situation qu'il occupait pour en prendre
une autre moins pénible et moins rémunérée à l'administration centrale des postes ;

Qu'il a éprouvé de ce chef un préjudice dont il lui est
dû réparation ;

Attendu que le Tribunal possède les éléments nécessaires pour en évaluer le montant à 1,000 francs.

Par ces motifs;

Condamne la Compagnie du Nord à payer au demandeur la somme de 1,000 francs à titre de dommages-
intérêts et la condamne aux dépens.

TRIBUNAL CIVIL DE LA SEINE

6e CHAMBRE

MÉNESTREL
CONTRE
OUEST

Jugement du 27 juin 1900

Le Tribunal, ouï en leurs conclusions et plaidoiries;

Duhil avocat, assisté de Peyrot, avoué de Ménestrel;

Marin avocat, assisté de Castaignet, avoué de la
Compagnie des chemins de fer de l'Ouest;

Le Ministère public entendu et après en avoir délibéré
conformément à la loi jugeant en matière ordinaire et
en *premier ressort;*

Attendu que par assignation en date du 8 décembre 1899,
Ménestrel a formé contre la Compagnie des chemins de
fer de l'Ouest une demande en 3,000 francs de dommages-
intérêts pour un accident qui lui serait arrivé au service
de ladite Compagnie;

Attendu que la Compagnie a simplement demandé le rejet de la demande ;

Mais attendu que Ménestrel justifie avoir été victime d'un accident survenu pendant la manœuvre en gare du Havre du wagon-poste dans lequel il se trouvait, que du reste la Compagnie le reconnaît ;

Qu'il y a lieu de rechercher les causes du préjudice dû à Ménestrel ;

Attendu que ce dernier a été dans l'incapacité de travailler pendant cinq semaines, qu'il y a lieu de tenir compte que pendant ce temps il a touché ses appointements et qu'il a fait des dépenses ;

Qu'en tenant compte de ces deux éléments, le Tribunal fixe à 800 francs l'indemnité due par la Compagnie.

Par ces motifs,

Condamne la Compagnie des chemins de fer de l'Ouest à payer à Ménestrel la somme de 800 francs à titre de dommages-intérêts pour le préjudice causé ;

Et la condamne en outre aux dépens.

TRIBUNAL CIVIL DE LA SEINE

7ᵉ CHAMBRE

Jugement du 15 janvier 1902

Le Tribunal ouï leurs conclusions et plaidoiries :

Duhil avocat, assisté de Peyrot, avoué de Mousquès ;

Péronne avocat, assisté de Maurice Roche, avoué de la Compagnie des chemins de fer de Paris à Lyon et à la Méditerranée :

Le Ministère public entendu et après en avoir délibéré conformément à la loi jugeant en matière ordinaire et en *premier ressort ;*

Attendu que Mousquès assigne la Compagnie des chemins de fer de Paris à Lyon et à la Méditerranée en paiement de 15,000 francs à titre de dommages-intérêts pour accident dont il a été victime le 23 novembre 1899 ;

Attendu que le principe de la responsabilité n'est pas méconnu ; qu'il s'agit simplement de fixer le chiffre de l'indemnité ;

Attendu que les parties sont d'accord pour reconnaître en se basant sur les certificats produits et émanant tant des médecins qui ont soigné Mousquès que du médecin de la Compagnie, que Mousquès a eu une incapacité de travail de 145 jours et qu'ensuite après avoir repris son service il a dû encore l'interrompre pendant 25 jours ;

Attendu que les médecins font même des réserves pour les accidents qui pourraient se produire ultérieu-, rement;

Attendu qu'en tenant compte tant à la fois du trouble apporté à la santé de Mousquès par l'accident dont il a été victime de l'incapacité de travail qui en a été la conséquence, des frais de médecin, de déplacement et autres, le Tribunal a les éléments suffisants d'appréciation pour évaluer le préjudice causé à la somme de 6,000 francs;

Par ces motifs,

Condamne la Compagnie des chemins de fer Paris-Lyon-Méditerranée à payer à Mousquès, la somme de 6,000 francs à titre de dommages-intérêts, pour le préjudice a lui causé;

La condamne en outre aux dépens.

TRIBUNAL CIVIL DE LA SEINE

7ᵉ CHAMBRE

VAISSIÉ
CONTRE
ORLÉANS

—

Jugement du 29 janvier 1902

Le Tribunal ouï en leurs conclusions et plaidoiries :
Duhil, avocat, assisté de Peyrot, avoué de Vaissié ;

Rousset, avocat, assisté de Leboucq, avoué de la Compagnie des chemins de fer d'Orléans, en la personne de ses directeur et administrateurs ;

Le Ministère public entendu et après en avoir délibéré conformément à la loi jugeant en matière ordinaire et en *premier ressort ;*

Attendu que le demandeur a assigné la Compagnie défenderesse en paiement d'une somme de 10,000 francs à titre de dommages-intérêts, pour réparation du préjudice à lui causé par un accident dont il a été victime le 28 juillet 1899, alors qu'il était de service dans l'un des deux wagons-poste remorqués par le train n° 16, de Toulouse à Limoges; lorsque ce dernier a déraillé à Montrabé, station située à quelques kilomètres de Toulouse ;

Attendu que le principe de la responsabilité n'est pas contesté; que c'est, en effet, à la suite d'un déraillement que l'accident est arrivé :

Sur le chiffre de l'indemnité :

Attendu qu'il est établi, par les documents produits. que Vaissié a été obligé d'observer un repos complet pendant 55 jours, et qu'il s'est ressenti de l'accident pendant au moins 2 mois; qu'en tenant compte des frais à lui occasionnés par cet accident, frais de médecin, pharmacien, etc., et du trouble apporté dans sa santé par ledit accident, le Tribunal a les éléments suffisants d'appréciation pour fixer à 2,000 francs l'indemnité due;

Par ces motifs,

Condamne la Compagnie d'Orléans à payer à Vaissié, la somme de 2,000 francs pour les causes sus-énoncées; Et la condamne en tous les dépens.

MUSELLI

CONTRE

NORD

—

TRIBUNAL CIVIL DE LA SEINE

4ᵉ CHAMBRE

Jugement du 15 mai 1901

Le Tribunal, ouï en leurs conclusions et plaidoiries :
Duhil, avocat, assisté de Peyrot, avoué de André Muselli;
Strauss, avocat, assisté de Boudin, avoué de la Compagnie des chemins de fer du Nord, en la personne de ses directeur et administrateurs;
Le Ministère public entendu et après en avoir délibéré conformément à la loi jugeant en matière ordinaire et en *premier ressort.*
Attendu que Muselli a, suivant exploit en date du 21 juin 1900, formé une demande en paiement de la somme de 2,000 francs de dommages-intérêts pour réparation du préjudice qu'il a subi dans un accident survenu le 6 janvier 1900, en gare de Dammartin-Juilly (Seine-et-Marne);
Attendu que la responsabilité de la Compagnie du Nord est engagée;
Qu'en effet le mécanicien qui conduisait le train tamponneur a été condamné par le Tribunal correctionnel de Meaux;
Attendu que le Tribunal a les éléments nécessaires pour fixer le chiffre de l'indemnité qui est due à Muselli;

Par ces motifs,

Condamne la Compagnie des chemins de fer du Nord à payer à Muselli une somme de 500 francs à titre de dommages-intérêts pour les causes sus-énoncées et aux dépens.

TRIBUNAL CIVIL DE LA SEINE

4ᵉ CHAMBRE

CHEVALLIER
CONTRE
NORD
—

Jugement du 15 mai 1901

Le Tribunal, ouï en leurs conclusions et plaidoiries :
Duhil, avocat, assisté de Peyrot, avoué de Octave Chevallier ;
Strauss, avocat, assisté de Boudin, avoué de la Compagnie des chemins de fer du Nord en la personne de ses directeur et administrateurs ;
Le Ministère public entendu et après en avoir délibéré conformément à la loi, jugeant en matière ordinaire et en *dernier ressort* :
Attendu que Chevallier a, par exploit en date du 21 juin 1900, formé contre la Compagnie des chemins de fer du Nord, une demande en paiement de la somme de 1,200 francs à titre de dommages-intérêts pour réparation du préjudice qu'il a subi dans un accident survenu le 6 janvier 1900, en gare de Dammartin-Juilly (Seine-et-Marne) ;
Attendu que la Compagnie du Nord est responsable ;
Qu'en effet, le mécanicien qui conduisait le train tamponneur a été condamné par le Tribunal correctionnel de Meaux ;
Attendu que le Tribunal possède les éléments nécessaires pour fixer le chiffre de l'indemnité qui est due au demandeur;

Par ces motifs.

Condamne la Compagnie des chemins de fer du Nord à payer à Chevallier une somme de 350 francs à titre de dommages-intérêts pour les causes sus-énoncées :
La condamne en outre aux dépens.

TRIBUNAL CIVIL DE LA SEINE

4ᵉ CHAMBRE

BEUNET
CONTRE
NORD
—

Jugement du 15 mai 1901

Le Tribunal, ouï en leurs conclusions et plaidoiries :
Duhil, avocat, assisté de Peyrot, avoué de Beunet ;
Strauss, avocat, assisté de Boudin, avoué de la Compagnie des chemins de fer du Nord, en la personne de ses directeur et administrateurs ;

Le Ministère public entendu et après en avoir délibéré conformément à la loi jugeant en matière ordinaire et en *dernier ressort* :

Attendu que Beunet a, suivant exploit en date du 21 juin 1900, formé une demande en paiement d'une somme de 600 francs contre la Compagnie des chemins de fer du Nord pour réparation du préjudice qu'il a subi dans un accident survenu le 6 janvier 1900, en gare de Dammartin-Juilly (Seine-et-Marne) ;

Attendu que la responsabilité de la Compagnie est engagée ;

Qu'en effet, le mécanicien qui conduisait le train tamponneur a été condamné par le Tribunal correctionnel de Meaux ;

Attendu que le Tribunal a les éléments nécessaires pour fixer le chiffre de l'indemnité qui est due à Beunet ;

> *Par ces motifs,*

Condamne la Compagnie des chemins de fer du Nord à payer à Beunet, une somme de 200 francs à titre de dommages-intérêts pour les causes sus énoncées ;

La condamne en outre aux dépens.

MORGAND
CONTRE
NORD
—

TRIBUNAL CIVIL DE LA SEINE

4ᵉ CHAMBRE

Jugement du 20 mars 1901

Le Tribunal ouï en leurs conclusions et plaidoiries, Duhil, avocat, assisté de Peyrot, avoué de Morgand ;

Strauss, avocat, assisté de Boudin, avoué de la Compagnie des chemins de fer du Nord, en la personne de ses directeur et administrateurs ;

Le Ministère public entendu et après en avoir délibéré conformément à la loi jugeant en matière ordinaire et en *dernier ressort.*

Attendu que par exploit en date du 9 mai 1900, Morgand a formé contre la Compagnie des chemins de fer du Nord une demande en paiement de 1,500 francs de dommages et intérêts pour réparation du préjudice qu'il a éprouvé par suite d'un tamponnement trop brusque dont il a subi les conséquences alors qu'il se trouvait le 28 novembre 1899 dans le wagon-poste ;

Attendu qu'il appert des documents de la cause que les employés du wagon-poste n'ont pas reçu l'avertissement préalable qu'il est d'usage de leur donner quand une manœuvre va se produire :

Attendu que Morgand a été pris sous des sacs de
dépêches que le choc a fait tomber ;

Attendu qu'il a subi une incapacité de travail d'une
certaine durée ;

Qu'il a été ainsi privé des indemnités de déplacement
qu'il pouvait toucher ;

Qu'il a eu à subir des frais de traitement ;

Que le Tribunal a les éléments nécessaires pour fixer
à 250 francs l'indemnité qui lui est due.

Par ces motifs :

Condamne la Compagnie des chemins de fer du Nord
à payer à Morgand une somme de 250 francs à titre de
dommages et intérêts, pour les causes sus-énoncées et,
aux dépens dont distraction à Peyrot, avoué, aux offres
de droit.

TRIBUNAL CIVIL DE LA SEINE

1re CHAMBRE

MAGNE
CONTRE
P.-L.-M.

Jugement du 23 mai 1903

Le Tribunal ouï en leurs conclusions et plaidoiries,
Duhil, avocat, assisté de Peyrot, avoué de Jean-
Baptiste Magne ;

Jacquemin, avocat, assisté de Maurice Roche, avoué
de la Compagnie des chemins de fer de Paris à Lyon
et à la Méditerranée, en la personne de ses directeur
et administrateurs ;

Le Ministère public entendu et après en avoir délibéré
conformément à la loi, jugeant en matière ordinaire et
en *premier ressort*.

Attendu que sur la demande en 25,000 francs de dommages-intérêts formée par Magne, à raison du préjudice
résultant pour lui d'un accident dont il impute la responsabilité à la Compagnie de Paris-Lyon-Méditerranée,
un jugement de cette chambre du 2 août 1902 a ordonné
avant faire droit une expertise médicale et a commis le
Dr Castex, médecin expert, pour y procéder ; que le
jugement admettant éventuellement la responsabilité
de la Compagnie, mais déclarant qu'il ne saurait être
alloué à Magne une provision appréciable à valoir sur
une créance encore incertaine, sinon dans son existence, du moins dans sa quotité, a chargé le Dr Castex
de visiter Magne, de dire quelles ont été les blessures à
lui occasionnées par l'accident du 17 août 1899, quelles
en ont été les conséquences immédiates au point de vue
de son aptitude à l'exercice de ses fonctions de gardien

de bureau ambulant des postes et quelles pourront en être les conséquences dans l'avenir au point de vue de sa santé générale et de ses moyens et facultés d'un travail quelconque, et rechercher notamment si l'état dont il se plaint actuellement n'a pas été déterminé par une prédisposition naturelle ou une infirmité antérieure ;

Attendu que dans son rapport déposé le 16 décembre 1902, l'expert déclare que la déformation de la cloison intérieure du nez résulte d'un développement naturel et non d'une lésion traumatique, mais que les troubles dans le fonctionnement de l'organe ont été un peu aggravés par l'accident ;

Attendu qu'il constate également chez le demandeur une diminution des forces, et qu'il conclut que cette diminution de forces et les troubles d'ordre moral sont dûs à l'accident et qu'ils entraîneront une infirmité partielle et temporaire devant se prolonger un an environ ;

Attendu qu'il ne faut pas oublier que la prévision de l'expert au sujet des conséquences à venir de l'accident est postérieure de plus de trois ans à l'accident lui-même ;

Attendu qu'il résulte d'une pièce officielle émanant du Sous-Secrétariat des postes et télégraphes que Magne a été mis d'office à la retraite par décision du 24 janvier 1902 à raison d'infirmités graves résultant d'un accident de service le mettant dans l'impossibilité de reprendre et continuer ses fonctions ;

Attendn que l'examen de l'expert commis par le Tribunal a confirmé sur ce point l'avis du médecin de l'administration des postes ;

Attendu dès lors que la Compagnie Paris-Lyon-Méditerranée doit être déclarée responsable du préjudice résultant pour Magne de l'accident dont il a été victime et que le Tribunal a les éléments suffisants pour en déterminer le quantum. Qu'en effet, Magne a été retraité d'office avec une pension inférieure à 700 francs, alors qu'à peine âgé de 53 ans, il aurait pu accomplir encore sept à huit années de services et obtenir à l'issue de sa carrrière administrative une pension qui pouvait s'élever jusqu'à 1,500 francs,

Par ces motifs,

Condamne la Compagnie Paris-Lyon-Méditerranée à payer à Magne la somme de 8,000 francs à titre de réparation et aux intérêts de droit. La condamne en outre à tous les dépens.

TRIBUNAL CIVIL DE LA SEINE

1re CHAMBRE, 3e SECTION

LASCAUX
CONTRE
P.-L.-M.

Jugement du 4 août 1902

Le Tribunal, ouï en leurs conclusions et plaidoiries ;

Duhil, avocat, assisté de Peyrot, avoué de François Lascaux ; Jacquin, avocat, assisté de Maurice Roche, avoué de la Compagnie des chemins de fer Paris-Lyon-Méditerranée, en la personne de ses directeur et administrateurs ;

Le Ministère public entendu et après en avoir délibéré conformément à la loi, jugeant en matière ordinaire et en *premier ressort* ;

Attendu que suivant exploit de Guillé, huissier à Paris, en date du 7 octobre 1901, Lascaux, gardien des bureaux ambulants des postes, a assigné la Compagnie des chemins de fer de Paris à Lyon et à la Méditerranée en paiement d'une somme de 2,500 francs, à titre de dommages-intérêts à raison d'un accident dont il aurait été victime dans la nuit du 28 au 29 octobre 1900 en gare de Saint-Jean-de-Maurienne, pendant que les agents de la Compagnie faisaient effectuer une manœuvre au wagon-poste dans lequel il était, à ce moment, de service ;

Que Lascaux prétend qu'au moment où il remontait les lampes du bureau, il aurait été projeté à terre par suite d'un choc violent ;

Qu'il aurait reçu dans sa chute une blessure à la jambe gauche, ainsi que des contusions sur d'autres parties du corps ;

Attendu que le sous-chef de gare a bien constaté que Lascaux avait une blessure à la jambe gauche, mais que les renseignements recueillis sur-le-champ par ce sous-chef de gare, ainsi que de l'enquête du service de contrôle, il n'est nullement résulté la preuve que le wagon-poste avait reçu un choc quelconque au cours de la manœuvre ;

Attendu qu'il appartient à Lascaux, en sa qualité de demandeur, de justifier d'une faute commise par les agents de la Compagnie défendresse ;

Attendu que Lascaux ne rapporte et n'offre de rapporter aucune preuve à cet égard ;

Par ces motifs,

Décla e Lascaux mal fondé dans sa demande en dommages-intérêts. l'en déboute ;

Et le condamne aux dépens, dont distraction au profit de Maurice Roche, aux offres de droit.

COUR D'APPEL DE PARIS

6° CHAMBRE

Arrêt du 26 *mars* 1904

La Cour, après avoir entendu, à l'audience publique du 19 mars 1904, en leurs conclusions, reprises et en leurs plaidoiries respectives,

Millerand, avocat de Lascaux, assisté de Canuel, avoué, et Jacqmin, avocat de la Compagnie des chemins de fer de Paris à Lyon et à la Méditerranée, assisté de Cœuré, avoué, ensemble en ses conclusions Monsieur Pottier, substitut de Monsieur le Procureur général, la cause continuée à l'audience publique de ce jour pour en être délibéré et prononcé arrêt;

Et, après en avoir en conséquence délibéré conformément à la loi,

Vidant son délibéré, et statuant sur l'appel interjeté par Lascaux du jugement du Tribunal civil de la Seine du 4 août 1902, en la forme;

Considérant que ledit appel est régulier,

Reçoit Lascaux en son appel devant la Cour. Au fond,

Considérant qu'il est certain, et non contesté du reste, que Lascaux, gardien des bureaux ambulants des postes, a reçu, en gare de Saint-Jean-de-Maurienne, pendant la nuit du 27 au 28 octobre 1900, alors qu'il faisait son service dans le wagon-poste, une blessure à la jambe gauche et des contusions sur d'autres parties du corps;

Qu'il est certain, en outre, qu'un fauteuil placé dans le même wagon a été brisé;

Qu'il est certain, enfin, que ledit wagon a subi diverses mœnœuvres ayant consisté à le faire passer successivement sur plusieurs voies;

Que c'est avec raison que les premiers juges ont déclaré qu'il appartenait à Lascaux de justifier la prétention qu'il émet, à savoir qu'il a été blessé dans une secousse due à la faute d'un ou plusieurs des agents de la Compagnie intimée au cours des manœuvres dont s'agit, mais c'est à tort qu'ensuite ils ont décidé qu'il n'en apportait pas la preuve;

Qu'en dehors de tout témoignage cette preuve résulterait de l'impossibilité qu'il en fut autrement, cette supposition étant immédiatement écartée que Lascaux ayant dû monter sur le fauteuil, pour son travail, en était tombé sans avoir éprouvé le moindre choc;

Que cet acte, absolument inutile puisqu'il s'agissait de remonter des lampes à portée de la main, plutôt gênant, ne pouvait être du reste accompli par Lascaux à raison de la hauteur du wagon;

Qu'il faut en conclure que la chute de Lascaux et le bris du fauteuil ont été causés par une secousse à laquelle le wagon a été soumis et qui a projeté l'homme sur le meuble, sans qu'il y ait lieu de rechercher à quel endroit ni à quel moment le fait s'est produit, non plus s'il est dû à un coup de tampon ou au passage sur une aiguille mal faite ;

Que, d'autre part, la secousse a été violente, d'où la faute ;

Qu'en effet, son résultat seul le démontre, en dehors de ces deux circonstances utiles à relever que Lascaux était placé non sur un parquet glissant, mais sur un plancher recouvert d'un épais paillasson en jonc, et qu'il s'est vu renversé, malgré son habitude acquise par l'exercice de ses fonctions, rendant ses pieds particulièrement solides, de garder l'équilibre dans les divers mouvements qui sont plus ou moins brusquement infligés aux trains en marche ;

Qu'aussi bien à l'appui des dires de Lascaux, tous les employés du wagon-poste ont fourni, tant sur-le-champ que postérieurement, des explications dont la véracité ne saurait être mise en doute ;

Que leur désintéressement, en même temps, est absolu ;

Qu'il faudrait supposer une entente frauduleuse et immédiate entre eux, par laquelle ils se seraient aussitôt distribués les rôles à remplir et contre laquelle leur honorabilité proteste, pour rejeter les indications nettes et précises qu'ils fournissent ;

Que Bizouard, le chef de brigade, Rapin et Carlier commis qui se reposaient couchés dans le fond du wagon, ont eux-mêmes éprouvé la secousse, tandis que Raynaud autre commis, qui était absent n'a pu que constater à son retour les blessures et contusions de Lascaux ;

Que les trois premiers se sont trouvés réveillés en sursaut, Bizouard ajoutant qu'il a glissé en long de vingt-cinq à trente centimètres et que les registres, dictionnaires et autres documents placés sur les rayons ont dégringolé du coup ;

Qu'il est important surtout de retenir que Bizouard s'est empressé d'adresser à son directeur un rapport officiel relatant l'accident et précisant qu'il était dû à un choc violent ;

Que la Compagnie ne va pas jusqu'à plaider, il le faudrait cependant, que ce rapport énonce une chose fausse et mensongère ;

Qu'elle se contente d'opposer aux agents des postes les deux hommes d'équipe, son mécanicien et son chauffeur qui ont pris part aux manœuvres ;

Que les déclarations qu'à leur tour ceux-ci ont passées ne sont pas de nature à invalider les déclarations de ceux-là ;

Qu'ils se contentent de soutenir n'avoir rien vu, rien constaté, rien ressenti ;

Qu'il n'est pas niable en tous cas, que chacun d'eux a dans l'affaire un intérêt personnel à sauvegarder ;

Que dans ces conditions la réformation du jugement entrepris s'impose ;

Considérant en ce qui touche le préjudice qui en est résulté pour Lascaux de l'accident, que la Cour a les éléments suffisants pour en fixer la valeur — toutes causes confondues — à 1,200 francs.

Par ces motifs,

Met ce dont est appel à néant ;

Infirme la décision entreprise, décharge en conséquence Lascaux des dispositions et condamnations lui faisant grief ;

Statuant à nouveau. Dit que Lascaux fait la preuve qu'il a été blessé par un choc imputable au personnel de la Compagnie des chemins de fer de Paris à Lyon et à la Méditerranée qui a ainsi commis une faute engageant la responsabilité de la dite Compagnie ;

En conséquence condamne celle-ci à lui payer la somme de 1,200 francs à titre de dommages-intérêts ;

Ordonne la restitution de l'amende consignée ;

Et condamne la Compagnie intimée en tous les dépens de première instance et d'appel dont distraction est faite à Me Canuel avoué qui l'a requise sous l'affirmation de droit.

GARGAM

CONTRE

P.-L.-M.

—

TRIBUNAL CIVIL DE LA SEINE

1re CHAMBRE, 2e SECTION

Jugement du 8 août 1902

Le Tribunal, ouï en leurs conclusions et plaidoiries :

Duhil, avocat, assisté de Peyrot, avoué de Emmanuel Gargam ; Péronne, avocat, assisté de Maurice Roche, avoué de la Compagnie des chemins de fer de Paris à Lyon et à la Méditerranée ;

Le Ministère public entendu et après en avoir délibéré conformément à la loi, jugeant en matière ordinaire et en *premier ressort ;*

Attendu que Gargam a formé contre la Compagnie des chemins de fer de Paris-Lyon-Méditerranée, une demande en paiement de 50,000 francs de dommages-intérêts à titre de réparation d'un accident dont il aurait été victime, le 16 novembre 1900 et dont il impute la responsabilité à cette Compagnie ;

Qu'à la date indiquée il se trouvait commis ambulant des postes en gare de Paris, dans le wagon-poste du Creusot qui se trouvait isolé sur la voie du départ du train 865, quand la machine destinée à remorquer ce train, en reculant pour s'atteler, heurta si violemment le wagon que le personnel fut renversé et des dégâts mobiliers se produisirent;

Que notamment Gargam tomba sur le poêle et se contusionna au côté droit de l'abdomen; qu'il dut abandonner son service et que, les douleurs persistant, il consulta son médecin qui diagnostiqua une appendicite et conseilla l'opération;

Qu'après quelques hésitations, Gargam se décida à la subir et entra le 15 janvier 1901 à l'hôpital de la Pitié, où il fut opéré avec succès et d'où il sortit le 17 février suivant;

Qu'il reprit son service le 16 mars, mais dut bientôt abandonner le service ambulant pour être placé dans un service sédentaire; qu'aujourd'hui il se plaint d'un état d'énervement et d'une faiblesse générale qui le rend incapable d'efforts sérieux et lui cause, indépendamment du préjudice subi dans le passé, un préjudice dans l'avenir, pour lequel il se dit en droit d'obtenir réparation de la Compagnie responsable de l'accident;

Attendu que la Compagnie ne conteste pas la matérialité des faits, mais niant que l'appendicite soit une suite directe de l'accident, n'offre au demandeur pour toute indemnité qu'une somme de 5,000 francs;

Attendu que les parties étant en désaccord sur les conséquences de l'accident et le Tribunal manquant d'éléments d'appréciation suffisants pour statuer *de plano* sur le mérite de ladite demande, il y a lieu de recourir à une expertise médicale;

Par ces motifs,

Avant de faire droit au fond : nomme le docteur Gérard-Marchand, expert unique et dispensé du serment du consentement des parties, pour, connaissance prise des documents et certificats produits, voir et visiter Gargam, dire quelles ont été les blessures à lui occasionnées par l'accident du seize novembre mil neuf cent, s'il y a une relation de cause à effet entre cet accident et l'appendicite dont il a été atteint, et, dans tous les cas, dire quelles en ont été dans le passé et quelles en seront dans l'avenir les conséquences au point de vue de sa santé générale et de ses moyens et facultés de travail;

Autorise l'expert à s'entourer de tous renseignements utiles à l'accomplissement de sa mission, à concilier les parties si faire se peut, sinon à dresser de ses constatations un procès-verbal de rapport qui sera déposé au greffe pour être par les parties conclu et par le Tribunal statué ce que de droit;

Dit qu'en cas d'empêchement de l'expert commis, il sera pourvu à son remplacement par ordonnance de Monsieur le Président de cette Chambre rendu sur simple requête. Dépens réservés.

TRIBUNAL CIVIL DE LA SEINE

1re CHAMBRE

Jugement du 2 mai 1903

Le Tribunal, ouï en leurs conclusions et plaidoiries: Duhil, avocat, assisté de Peyrot, avoué de Emmanuel Gargam; Péronne, avocat, assisté de Maurice Roche, avoué de la Compagnie Paris-Lyon-Méditerranée, en la pesonne de ses directeur et administrateurs:

Le Ministère public entendu, et après en avoir délibéré conformément à la loi, jugeant en matière ordinaire et en *premier ressort;*

Attendu qu'à la suite des contusions par lui reçues dans l'accident du 16 novembre 1900, et des souffrances qu'il en a éprouvées, Gargam s'est trouvé dans l'impossibilité absolue de se livrer à ses occupations pendant le laps de deux mois;

Qu'à ce moment il fut reconnu atteint d'une appendicite dont il fut opéré avec succès le 15 janvier 1901;

Que le 16 mars suivant, il était complètement rétabli et pouvait reprendre son travail, mais qu'il devait quitter le service ambulant des postes et était placé dans le service sédentaire:

Attendu que le docteur Gérard-Marchand, expert commis, a déclaré dans son rapport qu'en l'état actuel de la science, il était impossible de rapporter à un traumatisme une affection infectieuse au premier chef, comme l'appendicite;

Mais qu'en admettant que l'appendicite dont a été atteint Gargam ne soit pas la conséquence directe et nécessaire du choc subi par lui, à un endroit du corps, en somme, bien voisin de la région appendiculaire, on ne peut sérieusement contester que ce choc ait eu, sur son état de santé, une fâcheuse influence;

Qu'ainsi, Gargam n'avait jamais eu de douleurs dans la région abdominale droite avant l'accident; qu'il supportait sans peine les fatigues du service ambulant, mais qu'aussitôt après le 16 novembre 1900, il n'a jamais cessé de souffrir du ventre à la hauteur et en dedans de l'épine iliaque antérieure et supérieure;

Que les douleurs ont été en augmentant et en se loca-

lisant (Docteur Campenon), et n'ont disparu que plus
d'un mois après l'opération ;

Que le Docteur Campenon n'a même pas hésité à af-
firmer que celle-ci avait été nécessitée par les lésions
consécutives à la contusion ; que tel était aussi l'avis du
docteur Raymond ; que, en tous cas, tous deux ont constaté chez le blessé la persistance de certains phénomènes nerveux et neurasthéniques ;

Qu'actuellement encore, Gargam prétend que la
moindre secousse en voiture et en tramway lui fait
éprouver une « sensation indéfinissable de terreur » qui
l'empêche de continuer sa route ;

Qu'il s'agit sans doute là de phénomènes subjectifs
difficiles à contrôler, mais que la réalité en est d'autant
plus admissible qu'ils suivent ordinairement, sous le
nom de traumatisme neurasthénique, les accidents du
genre de celui qu'a éprouvé Gargam, et qu'on ne peut
raisonnablement admettre que celui-ci, en simulant ou
en exagérant les symptômes qu'il ressent ait, de gaieté
de cœur, renoncé aux avantages que lui réservait la
continuation de son emploi dans le service ambulant
des postes ;

Attendu que Gargam a eu, en outre, au lendemain de
l'accident, à supporter des frais de médecin et de traitement dont il est juste qu'il soit ainsi indemnisé ;

Que le Tribunal trouve ainsi dans la cause des éléments d'appréciation du préjudice par lui souffert ;

Par ces motifs,

Condamne la Compagnie des chemins de fer de Paris
à Lyon et à la Méditerranée à payer à Gargam la somme
de 5,000 francs, à titre de dommages-intérêts ;

La condamne, en outre, aux dépens, en ce, compris
les frais d'expertise, dont distraction à Mᵉ Peyrot, avoué.

COUR D'APPEL DE PARIS

5ᵉ CHAMBRE

GARGAM
CONTRE
P.-L.-M.

Arrêt du 23 janvier 1904

La Cour, après avoir entendu en leurs conclusions et
plaidoiries respectivement reprises et développées aux
audiences publiques des 15 et 16 janvier 1904,

Caillot, avocat de Gargam, assisté de Canuel, son
avoué, Péronne, avocat de la Compagnie des chemins
de fer de Paris à Lyon et à la Méditerranée, assisté de
Cœuré, son avoué ;

Ensemble en ses conclusions à ladite audience, du

16 janvier 1904, Monsieur Le Bourdellès, substitut du procureur général ;

Et après en avoir délibéré conformément à la loi ;

La cause renvoyée à l'audience publique de ce jour-d'hui pour le prononcé de l'arrêt ;

Statuant sur l'appel interjeté par Gargam du jugement rendu par le Tribunal civil de la Seine, le 2 mai 1903 ;

Adoptant les motifs des premiers juges, lesquels ont fait une juste évaluation du préjudice :

Par ces motifs,

Déclare Gargam mal fondé en ses demandes, fins et conclusions, l'en déboute ;

Confirme, en conséquence, le jugement dont est appel pour être exécuté selon ses formes et teneur ;

Et condamne l'appelant à l'amende et aux dépens d'appel, dont distraction est faite au profit de Cœuré, avoué qui l'a requise aux offres de droit.

MAIGRE
CONTRE
P.-L.-M.

TRIBUNAL CIVIL DE LA SEINE

1re CHAMBRE

Jugement du 15 janvier 1904

Le Tribunal, oui en leurs conclusions et plaidoiries :

Duhil, avocat, assisté de Peyrot, avoué de Théodore Maigre ; Jacqmin, avocat, assisté de Maurice Roche, avoué des directeur et administrateurs des chemins de fer de Paris-Lyon-Méditerranée.

Le Ministère public entendu et après en avoir délibéré conformément à la loi jugeant en matière ordinaire et en *premier ressort.*

Attendu que le 30 avril 1901, Maigre, alors commis ambulant des postes à la ligne de Lyon, se trouvait de service dans le wagon-poste faisant le trajet de Lyon à Paris, lorsque vers huit heures dix minutes du matin, à la station de Belleville-sur-Saône (Rhône), à la suite d'un arrêt brusque du train où il avait pris place, les chaînes de traction se sont rompues séparant ce train en deux ; qu'une violente secousse se produisit et que le personnel des postes fut renversé ;

Que Maigre prétend que dans cet accident, il aurait reçu une contusion profonde à la paroi inférieure de l'abdomen, avec lésion de la vessie qui aurait entraîné pour lui l'impossibilité de continuer son service dans les wagons ambulants ;

Attendu que la Compagnie défenderesse ne conteste pas sa responsabilité ;

Que les parties sont contraires en fait sur les suites même de l'accident, qu'il y a lieu de recourir à une expertise médicale ;

Attendu que le Tribunal a, dans les éléments de la cause, les éléments d'appréciation pour fixer le chiffre de la provision que la Compagnie défenderesse devra verser à Maigre ;

Par ces motifs,

Avant faire droit — commet le docteur Berger, chirurgien des hôpitaux, demeurant à Paris, n° 16, rue de Bourgogne, seul expert dispensé du serment du consentement des parties, avec mission d'examiner Maigre, de dire quel est son état actuel et de déclarer quelles seront dans la suite les conséquences du traumatisme dont Maigre a été victime le 30 avril 1901, et du tout, dressera et déposera son rapport au greffe du Tribunal pour être ensuite par les parties conclu et par le Tribunal statué ce qu'il appartiendra ;

Dit qu'en cas d'empêchement de l'expert commis, il sera pourvu à son remplacement par ordonnance de Monsieur le président de cette chambre, rendue sur simple requête ;

Condamne dès à présent la Compagnie défenderesse à verser à Maigre une provision de 3,000 francs. Réserve les dépens.

TRIBUNAL CIVIL DE LA SEINE

1re CHAMBRE

MAIGRE
CONTRE
P.-L.-M.

Jugement du 22 novembre 1904

Le Tribunal, ouï en leurs conclusions et plaidoiries ;

Duhil, avocat, assisté de Peyrot, avoué de Maigre :

Jacqmin, avocat, assisté de Maurice Roche, avoué de la Compagnie des chemins de fer de Paris à Lyon et à la Méditerranée ;

Le Ministère public entendu et après en avoir délibéré conformément à la loi, jugeant en matière ordinaire et en *premier ressort* :

Attendu que, sur la demande en paiement de 30,000 francs à titre de dommages-intérêts formée par Maigre contre la Compagnie des chemins de fer de Paris à Lyon et à la Méditerranée à raison d'un accident dont il a été victime, le 30 avril 1901, alors qu'il se trouvait de service en qualité de commis ambulant dans un wagon-poste faisant le trajet de Lyon à Paris, et, sur les conclusions de la Compagnie défenderesse qui demandait acte de l'offre qu'elle faisait à Maigre de lui verser une somme de 6,000 francs, il est intervenu, le 15 janvier 1904, un jugement de cette Chambre qui a nommé le docteur Berger, expert, à l'effet de dire quel était l'état actuel de santé de Maigre, et, en outre, quelles seraient dans la suite les conséquences des lésions éprouvées par ce dernier ; que ce même jugement a condamné la Compagnie des chemins de fer de Paris à Lyon et à la Méditerranée à payer au demandeur une provision de 3,000 francs ;

Attendu qu'en exécution de ce jugement l'expert a procédé à la mission qui lui avait été confiée et qu'il a déposé au greffe le 15 janvier 1904 ;

Attendu que l'accident dont se plaint le demandeur s'est produit dans les circonstances suivantes : A la station de Belleville (Rhône), à la suite de l'arrêt brusque du train qui comprenait le wagon-poste dans lequel se trouvait Maigre, une rupture de l'attelage se produisit entre ce wagon-poste et le fourgon de tête du train, il en résulta une violente secousse ;

Maigre qui était debout, tournant le dos à la machine, fut projeté en avant sur la table servant au tri des correspondances, et il en éprouva aussitôt une vive douleur au bas-ventre.

Attendu qu'il est constant qu'à son retour à son domicile, à Paris. Maigre dut garder le lit pendant quelques jours et qu'il présenta quelques signes d'hématurie qui disparurent promptement ;

Que le demandeur soutient qu'il éprouverait encore certains troubles du côté de la vessie ainsi que des douleurs dans le bas-ventre ;

Attendu que le docteur Berger déclare dans son rapport que, pour la constatation de ces troubles et points douloureux. il a été obligé de s'en remettre aux déclarations de Maigre, lequel, âgé de 36 ans au moment de l'expertise, ne paraissait pas être atteint dans son état général ; que l'expert ajoute que, dans l'aspect de Maigre, dans sa tenue ou dans sa démarche, qu'il soit vêtu ou complètement déshabillé, rien ne trahit une atteinte à la santé ou de souffrances vives ;

Attendu que les conclusions de l'expert sont que Maigre ne présente actuellement ni lésion de l'appareil urinaire, ni aucune lésion grave des parois abdominales et de la ceinture osseuse du bassin ;

Que la rupture du muscle grand droit de l'abdomen du côté gauche, déterminée probablement par le choc de la paroi abdominale contre le bord de la table, est presque complètement réparée ;

Attendu que l'avis de l'expert est que les troubles dont se plaint encore le demandeur disparaîtront bientôt sans laisser de trace, et qu'ils ne peuvent être considérés comme une cause d'incapacité réelle et permanente pour le travail dans un bureau ambulant, et à plus forte raison pour un travail sédentaire dans la même administration des postes ;

Attendu que les documents produits par le demandeur sont insuffisants pour infirmer l'avis de l'expert ;

Attendu que le Tribunal possède les éléments nécessaires pour fixer à 10,000 francs les dommages-intérêts dus à Maigre pour la réparation de toute cause de préjudice résultant de l'accident du 30 avril 1901 ;

Attendu qu'en exécution du jugement avant faire droit du 15 janvier 1904, la Compagnie défenderesse a déjà versé à Maigre une somme de 3,000 francs ; qu'il suffit donc aujourd'hui de la condamner au paiement d'une somme de 7,000 francs ;

Par ces motifs,

Condamne la Compagnie des chemins de fer de Paris à Lyon et à la Méditerranée à payer, à titre de dommages-intérêts, à Maigre, la somme de 7,000 francs, laquelle ne comprend pas la somme de 3,000 francs déjà allouée à titre de provision ;

Condamne la Compagnie défenderesse en tous les dépens.

TRIBUNAL CIVIL DE LA SEINE

5ᵉ CHAMBRE

RICOU
CONTRE
OUEST

Jugement du 8 juillet 1903

Le Tribunal, ouï en leurs conclusions et plaidoiries :

Duhil avocat, assisté de Peyrot, avoué de Ricou ; Poultier, avocat, assisté de Castaignet, avoué de la Compagnie des chemins de fer de l'Ouest, en la personne de ses directeur et administrateurs :

Le Ministère public entendu, et après en avoir délibéré conformément à la loi, jugeant en matière ordinaire et en *premier ressort ;*

Attendu qu'il appert du rapport déposé au greffe de ce Tribunal à la date du 30 mai 1903, par le Dᵣ Gilbert-Ballet, expert-commis, suivant jugement de cette chambre en date du 24 décembre 1902 enregistré, à l'effet d'examiner le sieur Ricou, facteur ambulant des postes, victime d'un accident survenu le 14 juillet 1901, au cours de son service, que du jour de l'accident au 8 juin 1902 Ricou a été dans l'impossibilité à peu près absolue de se livrer à aucun travail suivi ;

Attendu qu'il résulte manifestement des termes de ce rapport que l'accident dont Ricou a été victime a causé à sa santé un trouble sérieux dont la suite pourrait avoir dans l'avenir des conséquences de nature à diminuer dans une certaine mesure ses moyens d'existence ;

Attendu que le Tribunal a les éléments suffisants pour fixer à 5,000 francs le chiffre des dommages-intérêts auxquels le demandeur peut légitimement prétendre ;

Par ces motifs,

Condamne la Compagnie des chemins de fer de l'Ouest à payer a Ricou la somme de 5,000 francs à titre de dommages-intérêts, y compris la provision déjà versée ; la condamne aux dépens, lesquels comprendront les frais d'expertise, dont distraction est faite au profit de Peyrot, avoué, qui l'a requise aux offres de droit.

RICOU
CONTRE
OUEST
—

COUR D'APPEL DE PARIS

5e CHAMBRE

Arrêt du 24 juin 1904

La Cour, après avoir entendu en leurs conclusions et plaidoiries respectivement reprises et développées,

Poultier, avocat de la Compagnie des chemins de fer de l'Ouest assisté de Cœuré son avoué ; Duhil avocat de Ricou assisté de Canuel son avoué ;

Ensemble en ses conclusions Monsieur Leloir, substitut du Procureur général ;

Et après en avoir délibéré conformément à la loi :

Statuant sur l'appel interjeté par la Compagnie des chemins de fer de l'Ouest du jugement rendu par le Tribunal civil de la Seine le 8 juillet 1903 ;

Adoptant les motifs des premiers juges lesquels répondent suffisamment aux conclusions de la Compagnie appelante ;

Déclare la Compagnie des chemins de fer de l'Ouest mal fondée en ses demandes, fins et conclusions l'en déboute ;

Confirme en conséquence le jugement dont est appel pour être exécuté selon ses forme et teneur ;

Et condamne la Compagnie appelante en l'amende et aux dépens d'appel dont distraction est faite au profit de Canuel avoué, qui l'a requise aux offres de droit.

BOUBÉE

CONTRE

NORD

TRIBUNAL CIVIL DE LA SEINE

4ᵉ CHAMBRE

Jugement du 18 mai 1904

Le Tribunal, ouï en leurs conclusions et plaidoiries :

Duhil, avocat, assisté de Peyrot avoué de Boubée ; Strauss, avocat assisté de Boudin avoué de la Compagnie des chemins de fer du Nord :

Le Ministère public entendu et après en avoir délibéré conformément à la loi, jugeant en matière ordinaire et en *premier ressort :*

Attendu que par exploit du 15 juillet 1903, Boubée a formé contre la Compagnie du chemin de fer du Nord une demande en dommages-intérêts pour accident :

Attendu que le 13 octobre 1901, à 8 heures vingt du matin, en gare du Nord à Paris, le train 106, à son arrivée à Paris, vint frapper fortement contre les buttoirs, le frein n'ayant pas fonctionné ;

Qu'à raison de ce fait, le mécanicien du train 106, a été condamné le 17 février 1902 par la 11ᵉ Chambre, à 16 francs d'amende :

Attendu que Boubée, qui se trouvait dans le wagon-poste, fut contusionné au genou droit et aux reins, qu'il éprouva par suite du choc une aggravation manifeste de son état nerveux, qu'il a pris sa retraite le 1ᵉʳ juin 1903, retraite qui se monte à 3.000 francs par an ;

Attendu que le Tribunal a les éléments pour fixer le préjudice causé à une rente viagère de 300 francs et un capital de 500 francs :

Par ces motifs :

Condamne la Compagnie des chemins de fer du Nord à payer à Boubée une somme de 500 francs à titre de dommages-intérêts, et, en outre, à lui servir une rente annuelle et viagère de 300 francs, payable par trimestre et d'avance, à partir du 1ᵉʳ juin 1903 :

Condamne la Compagnie du Nord aux dépens.

TRIBUNAL CIVIL DE LA SEINE

7ᵉ CHAMBRE

Jugement du 12 *mars* 1904

Le Tribunal, ouï en leurs conclusions et plaidoiries, Duhil, avocat, assisté de Peyrot, avoué de Tixier; Strauss, avocat, assisté de Boudin, avoué de la Compagnie du chemin de fer du Nord, en la personne de ses directeur et administrateurs :

Le Ministère public entendu, et après en avoir délibéré conformément à la loi, jugeant en matière ordinaire et en *premier ressort;*

Attendu que Tixier, commis des ambulants de l'administration des postes, réclame à la Compagnie des chemins de fer du Nord 10,000 francs, à titre de réparation du préjudice qu'il a éprouvé le 13 novembre 1901, à Paris, par suite d'un tamponnement qui a fortement secoué le wagon-poste où il était de service, l'a fait tomber sur les bords d'un bureau, puis sur le plancher, et lui a occasionné des contusions à la tête, à l'épaule et à la poitrine :

Attendu qu'il est constant et non méconnu que le choc qui a causé l'accident doit être attribué au fait et à la faute des agents de la Compagnie des chemins de fer du Nord, dont cette Compagnie est responsable;

Attendu que les contusions de Tixier l'ont obligé à suspendre ses fonctions pendant 110 jours et ont nécessité des soins médicaux et des frais de pharmacie;

Attendu que le Tribunal trouve dans ces deux éléments du dommage subi des moyens d'appréciation suffisants pour évaluer dès à présent la somme à accorder à titre de provision;

Attendu que Tixier soutient en outre que, si les contusions qu'il a reçues à la tête et à l'épaule n'ont pas eu de gravité, celle de la poitrine lui a fait et lui fait ressentir des douleurs et a produit des troubles cardiaques ;

Attendu que la Compagnie des chemins de fer du Nord relève que les certificats médicaux produits par le demandeur établissent qu'il était atteint, avant l'accident, de douleurs et de troubles épigastriques :

Attendu qu'en l'état des contradictions des parties il est nécessaire de recourir à une expertise médicale pour connaître les causes et l'étendue du préjudice restant à apprécier;

Par ces motifs,

Alloue à Tixier, à titre de provision, calculée sur les

données déduites en premier lieu, la somme de 1,000 fr. Et, pour le surplus, avant dire droit : nommons Thoinot, expert agréé par les parties et dispensé par elles de la prestation du serment et qui, en cas d'empêchement ou de refus, sera remplacé par ordonnance du Président de cette chambre rendue sur simple requête, lequel aura pour mission, en s'entourant de tous renseignements utiles, de rechercher si la gêne dans la respiration ou dans les troubles cardiaques dont se plaint Tixier ont été provoqués ou aggravés par l'accident du 13 novembre 1901, donner son avis sur la cause et l'importance de ces troubles ou de leur aggravation, sur la diminution des forces et des aptitudes professionnelles du demandeur, sur le préjudice qui en est résulté déjà ou qui pourra en résulter ;

S'entourer de tous renseignements utiles auprès de toutes personnes et des médecins qui ont visité et soigné Tixier ; consulter au besoin leurs certificats, entendre les parties dans leurs dires et observations et y répondre ; les concilier si faire se peut, sinon dresser son rapport et le déposer au greffe du Tribunal pour être ensuite par les parties requis et par le Tribunal statué ce que de droit. Réserve tous moyens et les dépens.

TRIBUNAL CIVIL DE LA SEINE

7ᵉ CHAMBRE

TIXIER

CONTRE

NORD

Jugement du 23 juillet 1904

Le Tribunal, ouï en leurs conclusions et plaidoiries ;

Duhil, avocat, assisté de Peyrot, avoué de Tixier ; E. Strauss, avocat, assisté de Boudin, avoué de la Compagnie des chemins de fer du Nord ;

Le Ministère public entendu, et après en avoir délibéré conformément à la loi, jugeant en matière ordinaire et en *premier ressort ;*

Attendu que l'expert a rempli sa mission, dressé et déposé son rapport :

Qu'il résulte de l'examen fait par Thoinot que l'accident du 13 novembre 1901 n'a pas été la cause de l'état maladif dans lequel se trouvait déjà Tixier, mais que le traumatisme, suite de l'accident, a aggravé la maladie de Tixier ; que si cet employé des postes n'a pas suspendu son service, son travail a été rendu un peu plus pénible après la secousse qu'il a ressentie lorsqu'il a été tamponné par le wagon-poste du Nord ;

Attendu que les appréciations et conclusions de l'expert permettent au Tribunal de fixer toute l'indemnité résultant de l'aggravation de l'état maladif de Tixier et provenant de l'accident dont s'agit et de la fixer à 3,000 fr., dont il y a lieu de déduire celle de 1.000 francs.

Par ces motifs :

Condamne la Compagnie du chemin de fer du Nord à payer à Tixier la somme de 2.000 francs.

La condamne en outre aux dépens.

TRIBUNAL CIVIL DE LA SEINE

4ᵉ CHAMBRE

Jugement du 1ᵉʳ février 1905

Le Tribunal, ouï en leurs conclusions et plaidoiries, Duhil, avocat, assisté de Peyrot, avoué de Hénon :

Strauss, avocat, assisté de Boudin, avoué de la Compagnie des chemins de fer du Nord :

Le Ministère public entendu et après en avoir délibéré conformément à la loi, jugeant en matière ordinaire et en *premier ressort :*

Attendu que le 2 février 1903, en gare de Tergnier, vers 11 h. 30 du soir, les wagons-poste de Paris-Tergnier-Reims, déjà remisés sur la 3ᵉ voie, furent tamponnés par les wagons-poste de service de retour Reims-Tergnier-Paris, qu'une machine de manœuvre garait sur la même voie :

Attendu qu'il est établi que dans cette manœuvre, les employés de la Compagnie du Nord ont manqué le raccord et qu'ils ont été obligés de donner un nouveau coup en arrière, ainsi que cela résulte de la déclaration du mécanicien (troisième témoin de la contre enquête) avec la machine, pour pouvoir accrocher le wagon :

Que cette marche en arrière a provoqué un certain choc qui a renversé Hénon, gardien d'un des wagons-poste, le dos sur la porte des soufflets reliant les deux wagons ;

Attendu que les huit commis et employés des postes entendus dans l'enquête, affirment tous qu'il y a eu choc et qu'ils n'ont pas été avertis de la manœuvre ;

Attendu qu'il n'existe aucune raison pour suspecter la sincérité des témoins entendus ; que la contradiction absolue où ils se trouvent s'explique par ce fait que l'agent de la Compagnie du Nord chargé d'avertir les commis des postes, n'a donné le signal d'avertissement que d'une manière insuffisante pour qu'il fût perçu par ceux auxquels il s'adressait ;

Que, par suite, la responsabilité de la Compagnie du Nord se trouve engagée ;

Attendu que le docteur Giraud a constaté, le lendemain, 3 février 1903, que Hénon était atteint d'une contusion violente des muscles de la région dorsale et scapulaire postérieure, produite par le traumatisme du 2 février ;

Que du certificat du docteur Piogey, médecin assermenté des postes, il résulte que la contusion violente, subie par Hénon, l'a obligé à prendre sa retraite le 1er juillet 1903 ;

Attendu que le tribunal a les éléments pour fixer à 1,150 francs le préjudice éprouvé par Hénon ;

> *Par ces motifs,*

Condamne la Compagnie des chemins de fer du Nord à payer à Hénon la somme de 1,150 francs à titre de dommages-intérêts pour les causes sus-énoncées ;

La condamne en outre aux dépens.

TRIBUNAL CIVIL DE LA SEINE

4e CHAMBRE

RASPILLER
CONTRE
NORD

Jugement du 23 juillet 1904

Le Tribunal, ouï en leurs conclusions et plaidoiries :

Duhil, avocat, assisté de Peyrot, avoué de Raspiller ; Strauss, avocat, assisté de Boudin, avoué de la Compagnie des chemins de fer du Nord, agissant poursuites et diligence de ses directeur et administrateurs ;

Le Ministère public entendu et après en avoir délibéré conformément à la loi, jugeant en matière ordinaire et en *premier ressort ;*

Attendu que le 4 mars 1903, à 11 heures 20 du matin, en gare de Maubeuge, le wagon-poste n° 349 d'Erquelines à Paris, dans lequel était le demandeur, se trouvait sur une voie de garage en attendant la formation du train 120 pour le ramener à Paris, lorsqu'une locomotive vint tamponner fortement le wagon qui fut projeté sur le buttoir où un choc en retour se produisit ;

Que la commotion fut si violente que le bureau fut hors de service et le personnel renversé pêle-mêle avec les correspondances ;

Attendu que le demandeur prétend qu'il fut projeté violemment et reçut une contusion du gros orteil gauche et fut atteint, en outre, de neurasthénie traumatique et que l'accident a entraîné une interruption de service de

32 jours et occasionné des frais de médecin et de pharmacien;

Attendu que Raspiller demande pour réparation du préjudice causé la somme de 5,000 francs ;

Attendu que le Tribunal a les éléments pour évaluer à 600 francs le montant du préjudice causé, les dépenses et frais s'étant élevés à 384 francs et la durée de l'incapacité absolue de travail ayant été de trente et un jours;

Par ces motifs,

Condamne la Compagnie des chemins de fer du Nord à payer à Raspiller la somme de 600 francs à titre de dommages-intérêts et la condamne aux dépens.

BRAIDY
CONTRE
NORD
—

TRIBUNAL CIVIL DE LA SEINE

4ᵉ CHAMBRE

Jugement du 23 juillet 1904

Le Tribunal. ouï en leurs conclusions et plaidoiries;

Duhil, avocat, assisté de Peyrot, avoué de Braidy; Strauss, avocat. assisté de Boudin, avoué de la Compagnie des chemins de fer du Nord, agissant poursuites et diligence de ses directeur et administrateurs;

Le Ministère public entendu, et après en avoir délibéré conformément à la loi, jugeant en matière ordinaire et en *premier ressort;*

Attendu que le 4 mars 1903. à 11 h. 20 du matin, en gare de Maubeuge, le wagon-poste nᵒ 349 d'Erquelines à Paris, dans lequel était le demandeur, se trouvait sur une voie de garage en attendant la formation du train 120 qui devait le ramener à Paris, lorsqu'une locomotive vint tamponner fortement le wagon qui fut projeté sur un butoir où un choc en retour se produisit et que la commotion fut si violente que le bureau fut hors de service et le personnel renversé pêle-mêle avec la correspondance;

Que le demandeur prétend que projeté violemment, il fut contusionné au flanc gauche;

Attendu que cet accident aurait entraîné une interruption de service de 30 jours et occasionné des frais de médecin et de pharmacien;

Attendu qu'il réclame 2.000 francs à titre de réparation ;

Attendu que le Tribunal a les éléments nécessaires pour fixer à 400 francs le chiffre du préjudice causé, les frais et les dépenses ayant été de 184 francs et l'incapacité absolue de travail de 22 jours;

Par ces motifs,

Condamne la Compagnie des chemins de fer du Nord à payer à Braidy la somme de 400 francs à titre de dommages-intérêts ;
La condame en outre aux dépens.

VION

CONTRE

NORD

TRIBUNAL CIVIL DE LA SEINE

1ᵉ CHAMBRE

Jugement du 23 juillet 1904

Le Tribunal, ouï en leurs conclusions et plaidoiries :
Duhil, avocat, assisté de Peyrot, avoué de Vion ;
Strauss, avocat, assisté de Boudin, avoué de la Compagnie des Chemins de fer du Nord, agissant poursuites et diligence de ses directeur et administrateurs ;
Le Ministère public entendu et après en avoir délibéré conformément à la loi, jugeant en matière ordinaire et en *premier ressort ;*
Attendu que le 4 mars 1903, à 11 h. 20 du matin, en gare de Maubeuge, le wagon-poste n° 349, d'Erquelines à Paris, dans lequel était le demandeur, se trouvait sur une voie de garage en attendant la formation du train 120, qui devait le ramener à Paris, lorsqu'une locomotive vint tamponner fortement le wagon, qui fut projeté sur un buttoir où un choc en retour se produisit ;
Que la commotion fut si violente que le bureau fut hors de service et le personnel renversé pêle-mêle avec les correspondances ;
Attendu que le demandeur prétend que projeté violemment il reçut des contusions multiples ;
Que cet accident a entraîné une interruption de service de 16 jours et a occasionné des frais de médecin et de pharmacien ;
Attendu que Vion réclame 1,600 francs pour le préjudice causé ;
Attendu que le Tribunal a les éléments nécessaires pour fixer à 200 francs le chiffre dudit préjudice: les frais et dépenses étant de 83 francs et l'incapacité du travail de 16 jours ;

Par ces motifs,

Condamne la Compagnie des chemins de fer du Nord à payer à Vion la somme de 200 francs à titre de dommages-intérêts :
La condamne, en outre, aux dépens.

TRIBUNAL CIVIL DE LA SEINE

4ᵉ CHAMBRE

Jugement du 23 juillet 1904

Le Tribunal, ouï, en leurs conclusions et plaidoiries,

Duhil, avocat, assisté de Peyrot, avoué de Delgéry, Strauss, avocat, assisté de Boudin, avoué de la Compagnie des chemins de fer du Nord, agissant poursuites et diligence de ses directeur et administrateurs ;

Le Ministère public entendu et après en avoir délibéré conformément à la loi, jugeant en matière ordinaire et en *premier ressort ;*

Atendu que le 4 mars 1903 à 11 heures 20 du matin, en gare de Maubeuge, le wagon-poste n° 349 d'Erquelines à Paris, dans lequel était le demandeur se trouvait sur une voie de garage, en attendant la formation du train 120 qui devait le ramener à Paris, lorsqu'une locomotive vint tamponner fortement le wagon qui fut projeté sur un buttoir où un choc en retour se produisit, et que la commotion fut si violente que le bureau fut hors de service et le personnel renversé pêle-mêle avec la correspondance ;

Attendu que le demandeur prétend que projeté violemment, il reçut des contusions multiples ; que cet accident a entraîné une interruption de service de 12 jours et a occasionné des frais de médecin et de pharmacien ;

Attendu que le demandeur réclame 1.300 francs pour le préjudice causé ;

Attendu que le Tribunal a les éléments nécessaires pour fixer à 150 francs le montant du préjudice causé ; les dépenses s'étant élevées à 64 francs et le demandeur n'ayant eu que des contusions ;

Par ces motifs,

Condamne la Compagnie des chemins de fer du Nord à payer à Delgery la somme de 150 francs ;

La condamne en outre aux dépens.

CONCLUSIONS DÉPOSÉES PAR LA COMPAGNIE DU MIDI

MARBOUTY
et autres
CONTRE
MIDI
—

A Messieurs les Présidents et Juges composant la 4ᵉ Chambre du Tribunal civil de la Seine.

CONCLUSIONS

Pour : la Compagnie du Midi, défenderesse, René Marin.

Contre : M. Marbouty, demandeur, Peyrot.

Plaise au Tribunal,

Attendu que suivant exploit de Thiellement, huissier à Paris, en date du 11 avril 1903, apparu en copie. M. Marbouty, chef de brigade au bureau ambulant des postes, à Bordeaux, a informé contre la Compagnie concluante une demande de 2,000 francs de dommages-intérêts pour un prétendu préjudice que lui aurait fait subir un accident dont il aurait été victime à la date du 23 novembre 1902 et dont il a la prétention de faire retomber toute la responsabilité sur la Compagnie du Midi.

Attendu, en effet, qu'à la date sus-indiquée en gare de Bordeaux-Saint-Jean, au cours d'une manœuvre consistant à passer au moyen de chariot électrique une voiture des postes de la voie 1 *bis* à la voie 5, l'impulsion donnée par le tracteur ayant été un peu trop forte, la voiture dans laquelle se trouvait M. Marbouty est passée par dessus les cales, et est allée buter contre le heurtoir de la voie 1 *bis*, qu'à la suite du choc, M. Marbouty a été projeté contre les casiers de la voiture et a reçu de très légères contusions qui ont nécessité à peine 8 jours de repos.

Mais, attendu que, si minime que soit le préjudice éprouvé par M. Marbouty, par suite de cet accident, si tant est qu'il existe, la Compagnie entend en décliner toute la responsabilité ;

Attendu, en effet, que le dit accident est survenu au moment de la formation du train de Bordeaux à Cette ;

Attendu qu'en exécution des obligations qui lui sont imposées à l'égard du service postal, la Compagnie concluante devait rattacher le wagon des postes au train dont il s'agit :

Attendu que M. Marbouty était en faute de se trouver dans un wagon avant que ce train ne soit entièrement formé :

Attendu que la formation des trains entraîne nécessairement des manœuvres souvent compliquées, que les wagons amenés d'une voie sur une autre reçoivent, malgré les précautions qui peuvent être prises, des chocs ou des secousses qui, en raison même de l'aménagement intérieur des voitures de la poste peuvent provoquer la chute des personnes qui s'y trouvent enfermées :

Attendu que ces voitures spéciales construites aux frais de l'administration des postes sont garnies de tables ou casiers dont les arêtes ne sont pas arrondies, que les employés des postes sont, par suite des nécessités de leur service, obligés de se tenir presque continuellement debout et n'ont, pour s'assoir que des tabourets mobiles dont l'équilibre est instable, qu'en conséquence, au moindre choc, au moindre mouvement de réaction, lesdits employés peuvent être victimes d'accidents :

Que M. Marbouty agissant ainsi qu'il l'a fait à l'instar de tous les employés des postes, a commis·une grave imprudence dont lui seul est responsable ;

Que M. Marbouty ne peut objecter qu'il n'était pas suffisamment averti :

Qu'en effet à maintes circonstances, les agents ambulants des postes qui ont accès dans les gares et stations à toute heure de la journée pour l'exécution de leur service et qui ont pris depuis fort longtemps l'habitude, pour la facilité de leur service, de monter dans les voitures de leur administration, plusieurs heures avant le départ du train qu'ils doivent prendre (alors que les trains ne sont pas encore formés et que les voitures sont encore remisées sur les voies de garage), ont été invités à descendre pendant la durée des manœuvres à la formation des trains ; qu'ils s'y sont toujours refusés, en alléguant qu'ils ne pouvaient abandonner les sacs de dépêches contenant souvent des valeurs dont ils avaient la garde et que d'ailleurs ils avaient reçu des ordres formels à cet égard de leur administration.

Attendu que, dans ces conditions, la Compagnie du Midi se trouve dégagée de toute responsabilité ; que s'il est en effet certain que des ordres ont été donnés dans ce sens par l'administration des postes, c'est cette dernière qui serait entièrement responsable et qui devrait être recherchée par M. Marbouty :

Que sa responsabilité s'aggraverait au contraire de ce fait, et que non seulement elle serait en faute de n'avoir pas interdit à ses employés l'entrée de ses voitures pendant la durée de la manœuvre nécessaire à la formation des trains, mais qu'elle aurait dû prendre toutes précautions dans l'aménagement intérieur de ses wagons, pour éviter qu'au moindre choc, au moindre mouvement de réaction, ses agents soient victimes d'accidents tel que celui survenu à M. Marbouty :

Par ces motifs,

Déclarer la demande de M. Marbouty ni recevable ni

fondée, à l'encontre surtout de la Compagnie concluante, l'en débouter :

Et condamner M. Marbouty en tous les dépens, dont distraction à Me Marin, avoué, aux offres de droit.

Sous toutes réserves.

MARBOUTY

et autres

CONTRE

OUEST

—

TRIBUNAL CIVIL DE LA SEINE

Iʳᵉ CHAMBRE

Jugement du 18 mai 1904

Le Tribunal, ouï en leurs conclusions et plaidoiries, Millerand, avocat, assisté de Peyrot, avoué de Jules Bernard, de Aristide Legrand et de Charles Marbouty : Lenté, avocat, assisté de Marin, avoué de la Compagnie des chemins de fer du Midi, en la personne de ses directeur et administrateurs.

Le ministère public entendu et après en avoir délibéré conformément à la loi, jugeant en matière ordinaire et en *premier ressort*

Joint les causes, vu leur connexité et statuant à l'égard de toutes les parties en cause par un seul et même jugement.

Attendu qu'il résulte des documents de la cause et du rapport même de l'ingénieur adjoint de l'exploitation du Chemin de fer du Midi, que le 23 novembre 1902, en gare de Bordeaux-Saint-Jean, les demandeurs Marbouty, Bernard et Legrand, agents du service ambulant des postes, ont été blessés au cours d'une manœuvre consistant à passer de la voie 1 *bis* à la voie 5 au moyen d'un chariot électrique, la voiture du service des postes occupée par eux ;

Attendu qu'il résulte de ce même document en date 29 novembre 1902, lequel sera enregistré avec le présent jugement, que cet accident a été causé par une impulsion trop forte donnée au moyen du tracteur à la voiture occupée par les agents des postes, laquelle « est passée par-dessus les cales et est allée buter contre le heurtoir de la voie 1 *bis*.

Attendu qu'il est ainsi établi par les documents mêmes produits par la Compagnie des chemins de fer du Midi, que l'accident et les blessures qui en sont résultées pour Marbouty, Bernard et Legrand, ont été occasionnées par une maladresse ou imprudence des agents de la Compagnie des chemins de fer du Midi, agissant dans l'exercice de fonctions auxquelles elle les a préposés ;

Attendu que, pour se soustraire à la réparation du préjudice résultant, pour les demandeurs, de la faute de ses agents, la Compagnie défenderesse allègue vainement que l'accident ne s'est pas produit au cours de l'exécution du transport des dépêches convoyées par les demandeurs, mais au cours d'une manœuvre préparatoire, pendant laquelle elle n'était pas tenue de tolérer la présence, dans la voiture dont il s'agit des commis de l'administration des postes:

Attendu que cette circonstance ne saurait avoir, au profit de la Compagnie défenderesse, les conséquences qu'elle prétend lui attribuer:

Attendu, en effet, qu'aux termes du cahier des charges de leur concession, les Compagnies de chemins de fer, et la Compagnie des chemins de fer du Midi spécialement sont tenues d'assurer le service du transport des lettres et dépêches sur toute l'étendue des lignes faisant l'objet de leur exploitation;

Attendu qu'elles sont, en conséquence, obligées de se soumettre aux prescriptions que l'autorité compétente juge nécessaire à la bonne exécution de ce service;

Attendu qu'il résulte des instructions générales données par l'administration des postes et des prescriptions du Sous Secrétaire d'Etat chargé de la direction de ce service public, qu'il est indispensable que les agents des postes chargés de convoyer les dépêches prennent place dans les voitures affectées à leur service longtemps avant la formation des trains et qu'il leur est impossible, sans manquer à leurs devoirs, d'abandonner les dépêches dont ils ont la charge et la responsabilité. Qu'il suit de là qu'il entre dans les obligations de la Compagnie des chemins de fer du Midi d'admettre les commis des postes dans les voitures affectées à leur service avant la formation des trains, et, en conséquence, d'assurer la manœuvre desdites voitures dans des conditions de nature à ne pas compromettre la sécurité des commis des postes qui ont le devoir d'occuper ces voitures pendant la durée même des manœuvres;

Attendu qu'il résulte de l'exposé qui précède, que la manœuvre au cours de laquelle les demandeurs ont été blessés, a été exécutée par les préposés de la Compagnie défenderesse avec une maladresse et une imprudence qui engagent la responsabilité de la Compagnie des chemins de fer du Midi:

Attendu que le Tribunal a les éléments nécessaires pour fixer les dommages-intérêts dus aux demandeurs, savoir: ceux de Marbouty, à 800 francs: ceux de Bernard, à 800 francs; ceux de Legrand, à 500 francs.

Par ces motifs,

Condamne la Compagnie des chemins de fer du Midi à payer, à titre de dommages-intérêts:

A Marbouty la somme de 800 francs; à Bernard la

somme de 800 francs ; à Legrand la somme de 500 francs;
Condamne en outre la Compagnie des chemins de fer du Midi aux dépens, dont distraction est faite au profit de Peyrot, avoué, qui l'a requise aux offres de droit.

PIERREDON

CONTRE

MIDI

—

TRIBUNAL DE MONTPELLIER

Audience du 23 février 1901

Entre le sieur Jules Pierredon, gardien des bureaux ambulants des Postes, domicilié à Tarascon,

Et la Compagnie des chemins de fer du Midi;

Attendu que le 13 mars 1899, à la gare de Cette, le gardien des bureaux ambulants a été tamponné par une locomotive au cours d'une manœuvre exécutée par les employés de la Compagnie des chemins de fer du Midi.

Attendu que le médecin qui a examiné Pierredon n'a constaté chez lui aucun traumatisme, mais a remarqué certains tremblements dans les membres inférieurs dans les doigts et dans la langue se rattachant au choc et à la commotion morale éprouvés par cet agent, dont le système nerveux a été ébranlé.

Attendu que Pierredon a dû interrompre son service pendant 45 jours et que, s'il a repris son service, il n'est pas encore complètement rétabli, ressentant toujours des souffrances aiguës;

Attendu que l'accident dont s'agit est dû à la faute des agents de la Compagnie du Midi qui ont, d'une part, laissé en stationnement sur une voie principale le wagon-poste sans le protéger par des mesures suffisantes, et en lançant sur cette même voie une tranche de wagons dans la direction du wagon-poste.

Attendu que le sieur Pierredon se trouvait dans ce wagon parce que son service l'y appelait et qu'il n'est pas possible de concevoir qu'un agent de l'administration des postes, chargé de surveiller les paquets et les lettres qui lui sont remis, puisse abandonner un seul instant le wagon où ces objets sont déposés; qu'il n'est donc pas exact de prétendre qu'il a commis une faute en restant dans le wagon qui a été tamponné;

Attendu que la faute des agents de la Compagnie du Midi, dont celle-ci répond, étant retenue, le Tribunal doit déterminer le quantum de l'indemnité qui est légitimement due au demandeur;

Attendu qu'il faut tenir compte de la souffrance physique et morale, des retenues subies sur les appoin-

tements pendant la durée des congés obtenus, des dépenses occasionnées par les soins qu'il a reçu ;

Par ces motifs,

Le Tribunal dit que l'accident du 13 mars 1899 est dû
à la faute de la Compagnie du Midi ou de ses agents,
dont elle répond ;

Et, en réparation du préjudice causé, la condame à
payer à Pierredon la somme de 1,500 francs, avec intérêts, à partir du jour de l'accident ;

La condamne aux dépens.

Paris. — Imprimerie Nouvelle (association ouvrière), 11, rue Cadet.
A. Mangeot, directeur. — 1580-5